诗坛勇士

拜 伦

胡元斌◎编著

辽海出版社

图书在版编目(CIP)数据

诗坛勇士拜伦 / 胡元斌编著. —沈阳:辽海出版社,2017.6
 ISBN 978－7－5451－4154－2

Ⅰ.①诗… Ⅱ.①胡… Ⅲ.①拜伦(Byron,George Gordon 1788－1824)
－传记 Ⅳ.①K835.615.6

中国版本图书馆 CIP 数据核字(2017)第 136810 号

责任编辑:孙德军
封面设计:李　奎

出版者:辽海出版社
　　地　　址:沈阳市和平区十一纬路 25 号
　　邮　　编:110003
　　电　　话:024-23284381
　　E-mail:dszbs@ mail.lnpgc.com.cn
　　http://www.lhph.com.cn
印刷者:北京一鑫印务有限责任公司
发行者:辽海出版社

幅面尺寸:155mm×220mm
印　　张:14
字　　数:218 千字

出版时间:2017 年 7 月第 1 版
印刷时间:2017 年 8 月第 1 次印刷
定　　价:29.80 元

《世界名人传记文库》编委会

主　编	游　峰	姜忠喆	蔡　励	竭宝峰	陈　宁	崔庆鹤
副主编	闫佰新	季立政	单成繁	焦明宇	李　鸿	杜婧舟
编　委	蒋益华	刘利波	宋庆松	许礼厚	匡章武	高　原
	袁伟东	夏宇波	朱　健	曹小平	黄思尧	李成伟
	魏　杰	冯　林	王胜利	兰　天	王自和	王　珑
	谭　松	马云展	韩天骄	王志强	王子霖	毕建坤
	韩　刚	刘　舫	宫晓东	陈　枫	华玉柱	崔　武
	王世清	赵国彬	陈　浩	芝　骉	姜钰茜	全崇聚
	李　侠	宋长津	汪　裴	张家瑞	李　娟	拉巴平措
	宋连鸿	王国成	刘洪涛	安维军	孙成芳	王　震
	唐　飞	李　雪	周丹蕾	郭　明	王毓刚	卢　瑶
	宋　垣	杨　坤	赖晖林	刘小慈	张家瑞	韩　兆
	陈晓辉	鲍　慧	魏　强	付　丽	尹　丛	徐　聪
	主勇刚	傅思国	韩军征	张　铧	张兴亚	周新全
	吴建荣	张　勇	李沁奇	姜秀云	姜德山	姜云超
	姜　忠	姜商波	姜维才	姜耀东	朱明刚	刘绪利

	冯 鹤	冯致远	胡元斌	王金锋	李丹丹	李姗姗
	李 奎	李 勇	方士华	方士娟	刘干才	魏光朴
	曾 朝	叶浦芳	马 蓓	杨玲玲	吴静娜	边艳艳
	德海燕	高凤东	马 良	文 夫	华 斌	梅昌娅
	朱志钢	刘文英	肖云太	谢登华	文海模	文杰林
	王 龙	王明哲	王海林	台运真	李正平	江 鹏
	郭艳红	高立来	冯化志	冯化太	危金发	仇 双
	周建强	陈丽华	叶乃章	何水明	廖新亮	孙常福
	李丽红	尹丽华	刘 军	熊 伟	张胜利	周宝良
	高延峰	杨新誉	张 林	魏 威	王 嘉	陈 明
总编辑	马康强	张广玲	刘 斌	周兴艳	段欣宇	张兰爽

总　序

　　我们每个人心中都有自己崇拜的名人。这样可以增强我们的自信心和自我认同感，有益于人格的健康发展。名人活在我们的心里，尽管他们生活在不同的时代、不同的国度、说着不同的语言，却伴随着我们的精神世界，遥远而又亲近。

　　名人是充满力量的榜样，特别是当我们平庸或颓废时，他们的言行就像一触即发的火药，每一次炸响都会让我们卑微的灵魂在粉碎中重生。

　　名人带给我们更多的是狂喜。当我们迷惘或无助时，他们的高贵品格就如同飘动在高处的旗帜，每次招展都会令我们幡然醒悟，从而畅快淋漓地感受生命的真谛。只要我们把他们视为精神引领者和行为楷模，就会不由自主地追随他们，并深刻感受到精神的强烈震撼。

　　当我们用最诚挚的心灵和热情追随名人的足迹，就是选择了一个自我提升的最佳途径，并将提升的空间拓展开来。追随意味着发现，发现名人的博大精深，发现时代赋予我们的使命，发现最真实的自我；追随意味着提升，置身于名人精神的荫蔽之下，我们就像藤蔓一般沿着名人硕大粗壮的树干攀援上升，这将极大地缩短我们在黑暗中探索的时间，从而踏上光明的坦途。

不要说这是个崇尚独立思考的年代,如果我们缺乏敬畏精神,那么只能让个性与自由的理念艰难地生长;不要说这是个无法造就伟人的年代,生命价值并不在于平凡或伟大。如果在名人的引领下,读懂平凡世界中属于自己的那本书,就能够成为最好的自己。

名人从芸芸众生中脱颖而出,自有许多特别之处。我们追溯名人成长的历程,虽然每位人物的成长背景都各不相同,但或多或少都具有影响他们人生的重要事件,成为他们人生发展的重要契机,并获得人生的成功。

名人有成功的契机,但他们并非完全靠幸运和机会。机遇只给有准备的人,这是永远的真理。因此,我们不要抱怨没有幸运和机遇,不要怨天尤人,我们要做好思想准备,开始人生的真正行动。这样,才会获得人生的灵感和成功的契机。

我们说的名人当然是指对世界和人类做出突出贡献的伟大人物,他们包括著名的政治家、军事家、发明家、文学家、艺术家、思想家、哲学家、企业家等。滚滚历史长河,阵阵涛声如号,是他们,屹立潮头,掀起时代前进的浪花,浓墨重彩地描绘着人类的文明和无限的未来,不断开创着辉煌的新境界和新梦想,带领我们走向美好的明天。

政治家是指那些在长期政治实践中涌现出来的具有一定政治远见和政治才干、掌握权力,并对社会发展起着重大影响作用的领导人物。军事家是指对军事活动实施正确指引或是擅长具体负责军事行动实施的人,一般包括战略军事家和战术军事家。

政治家、军事家大多充满了文韬武略,能够运筹帷幄,曾经叱咤风云,纵横天地,创造着世界,书写着历史,不断谱写着人类的辉煌篇章,为人们留下了许多宝贵的精神财富和物质财富。

科学发明家是指专门从事科学研究和发明,并做出了杰出贡献的人士。他们从事着探索未知、发现真相、追求真理、改造世界和造福人类的大学问。他们都有献身、求实、严谨和持之以恒的精神，都具有一颗好奇心。从好奇心出发，他们希望探知事物规律，具有希望看到事物本质一面的强烈意识与探索激情。还有就是他们都有恒心，他们在科学研究中不断努力，努力，再努力，锲而不舍，具有永不止步的追求精神。

文学家是指以创作文学作品为自己主要工作的知名人士和学者等。其中，诗人是指诗歌的创作者，小说家指小说创作者，散文家指散文创作者，而文学家则是指在诗歌、小说、散文、戏剧等各种文学体裁领域均取得一定成就的创作者，他们是人类精神财富的创造者。

艺术家是指具有较高审美能力和娴熟创作技巧并从事艺术创作劳动而具有一定成就的艺术工作者。进行艺术作品创作活动的人士，通常指在绘画、表演、雕塑、音乐、书法及舞蹈等艺术领域具有比较高的成就，并具有了一定美学造诣的人。他们是生活中美的发现者和创造者，极大地丰富着我们的生活。

哲学家、思想家是指对客观现实的认识具有独创见解并能自成体系的人士。思想主要是用言语和符号来表达的，而致力于研究思想并且形成思想体系的人就是哲学家、思想家。他们用独到的思想解决生活中遇到的问题，且在此过程中逐渐认识自我与宇宙，以此解决人们思想认识上矛盾迷惑的问题。他们是我们人类灵魂的工程师，塑造着我们的人格，探讨所有人类重要的问题和观念，并创造出一种思考和思想的能力，闪烁着智慧的光芒，照耀着人类前进的步伐，推动着人类思想和精神不断升华，使人类不断摆脱低级状态，不断走向更高境界。人是有思想和精神的高级动物，因此，哲学家和思想家是人类不可或缺的，是我们人类的伟大导师。

企业管理家是最直接创造财富的人。他们创造物质财富，推动社会不断进步，使得人们更加幸福。财富虽然只是一个象征，但它与人们的生活、国家的发展、民族的强盛等息息相关。企业家也创造巨大的精神财富，他们在追求财富过程中所表现出来的创新、冒险、合作、敬业、学习、执著、诚信和服务等精神，是我们每一个人学习的榜样。

我们追踪这些名人成长发展过程中的主要事件，就会发现他们在做好准备进行人生不懈追求的进程中，能够从日常司空见惯的普通小事上，碰撞出思想的火花，化渺小为伟大，化平凡为神奇，从而获得灵感和启发，获得伟大的精神力量，并进行持久的人生追求，去争取获得巨大的成功。

影响名人成长的事件虽然不一样，但他们在一生之中所表现出来的辛勤奋斗和顽强拼搏的精神，则大同小异。正如爱迪生所说："伟大人物最明显的标志，就是他们拥有坚强的意志，不管环境怎样变化，他们的初衷与希望永远不会有丝毫的改变，他们永远会克服一切障碍，达到他们期望的目的。"

爱默生说："所有伟大人物都是从艰苦中脱颖而出的。"因此，伟大人物的成长也具有其平凡性。正如日本著名歌人吉田兼好所说："天下所有伟大人物，起初都是很幼稚且有严重缺点的，但他们遵守规则，重视规律，不自以为是，因此才成为名家并进而获得人们的崇敬。"所以，名人成长也具有其非凡之处，这才是我们应该学习的地方。

英国著名哲学家培根说："用伟大人物的事迹激励青少年，远胜于一切教育。"为此，本套作品荟萃了古今中外各行各业最具有代表性的名人，阅读这些名人的成长故事，探知他们的人生追求，感悟他们的思想力量，会使我们从中受到启迪和教育，让我们更好地把握人生的关键，让我们的人生更加精彩，生命更有意义。

简　介

乔治·戈登·拜伦（George Gordon Byron，1788~1824），英国19世纪初期伟大的浪漫主义诗人。

乔治·戈登·拜伦出生于伦敦。他天生跛足，他的父母全都出身没落贵族家庭。他10岁时，拜伦家族的世袭爵位及产业就落到他身上，成为拜伦第六世勋爵。

拜伦于哈伦公学毕业后，1805年至1808年在剑桥大学学习文学及历史。1809年3月，他作为世袭贵族进入了贵族院。后来，他在剑桥大学毕业后曾任上议院议员。1809年至1811年游历西班牙、希腊、土耳其等国，受各国人民反侵略、反压迫斗争鼓舞，创作了《恰尔德·哈罗德游记》《唐璜》等。

拜伦1812年发表的《恰尔德·哈罗德游记》第一和第二章是他的成名作。1816年，拜伦因私生活受到上流社会的排斥，愤而移居意大利。在意大利，他写了《恰尔德·哈罗德游记》的第三和第四两章。这部抒情叙事长诗和未完成的巨著《唐璜》是他最著名的代表作。

拜伦还写了一系列长篇叙事诗，如《异教徒》、《海盗》和7部诗剧，如《曼弗瑞德》、《该隐》等，以及许多抒情诗和讽刺诗，如《审判的幻景》等。

1823年年初，希腊抗击土耳其斗争高涨，拜伦放下正在写作的《唐璜》，毅然前往希腊，参加希腊志士争取自由、独立的武装斗争，1824年4月19日死于希腊军中。他的诗歌在欧洲和中国都有很大的影响。

拜伦的一生很短暂，他只活了37年，但是他在诗歌上取得的成就是无与伦比的。诗歌里创造了一批"拜伦式"的英雄。他们的思想和性格具有矛盾性：一方面，他们热爱生活，追求幸福，有激情，敢于蔑视现在制度，与社会恶势力势不两立；另一方面，他们又傲世独立，行踪诡秘，好走极端，他们的思想基础是个人主义和自由主义，在斗争中远离群众，而且也没有明确的目标，因而最后以失败而告终。

拜伦一生为民主、自由、民族解放的理想而斗争，而且努力创作，他的作品具有重大的历史进步意义和艺术价值。他未完成的长篇诗体小说《唐璜》，是一部气势宏伟、意境开阔、见解高超、艺术卓越的叙事长诗，在英国以至欧洲的文学史上都是罕见的。

拜伦是世界公认的19世纪浪漫主义文学首屈一指的代表人物。他那些风涌雷动、波澜壮阔的诗篇，使他在生前震撼了整个欧洲大陆，他死后100多年来也一直在全世界享誉盛名。他站在他那个时代的战斗前列。他是法国大革命伟大理想的忠实继承者和捍卫者。他为了自由、民权和被压迫民族的解放而奋战一生。

歌德说他是"19世纪最伟大的天才"；普希金称他为"思想界的君王"。鲁迅曾坦然承认，他自己早期对被压迫民族和人民哀其不幸、怒其不争的思想，和不克厥敌、战则不止的精神，都是从拜伦那里学来的。苏曼殊说："善哉拜伦！以诗人去国之忧，寄之吟咏，谋人家国，功成不居，虽与日月争光可也。"

目　录

出生于乱世	001
天生的缺陷	008
聪明好学的孩子	013
备受虐待的童年	017
求学于哈伦公学	022
受伤的第一次恋爱	027
唯一爱的亲人	030
叛逆少年的成长	037
在剑桥的贵族生活	041
发表处女作诗集	046
处女作被批判	054
成为文艺青年	057
唱吟"骷髅诗"	063
第一次出国旅行	067
母亲去世的打击	077
一次愤怒的演说	082
与诗坛名人过招	085
在诗坛上脱颖而出	089
被迫订婚	096

平淡的婚礼	102
永远不相见	114
第二次旅行	119
难舍难分的友情	127
创作《曼弗瑞德》	134
"拜伦式"英雄	138
意大利诗人的影响	143
带病坚持写作	149
《唐璜》永不朽	153
《该隐》的创作	157
第二位人生伴侣	163
加入革命党	168
与雪莱诀别	173
又有红颜知己	179
向往希腊	187
重返希腊斗争	193
在战斗中逝世	199
附：年　谱	208

出生于乱世

拜伦是英国著名诗人，诗人是没有国境、超越时代的人物。他不是用笔在纸上写下激昂文字，而是用血在刻印人们心中的感悟。那么，诗人拜伦刻印在世界人类心中的感悟，又是怎样的呢？还是让我们从拜伦的祖国——英国——开始说起吧！

英国过去是一个追求门第、追求权贵的国家。英国人有非常强的门第观念，他们瞧不起没有背景的其他国家的人。他们都以自己的王室地位或者其他爵位而感到自豪。即使有些贵族已经没落，但依然能得到社会的尊重和认可。拜伦的祖上就属于这样的没落贵族。

"英国在欧洲的外面。"这是谈论英国社会状态的名句。英国与欧洲大陆仅相隔20多海里的水域，是"一衣带水，呼之即应"的距离。晴朗的日子，从荷兰，从比利时，从法国都可以很清晰地望见英国的堤岸、山峰和海滨。小船只需几个小时就能划过去，即使没有船，游泳也可以到达对岸。

从地理上讲，英国只不过是附属于欧洲大陆的一个小岛。可是从历史上来看，这个小岛曾一直执着地和欧洲大陆对峙，而且，直至今天它仍然在全欧洲有着重要的影响。在人种和文化上，它是欧洲的一部分，而在政治上却有着自己与众不同的东西。

在古罗马时代，英国人败于恺撒。在北欧神话的英雄时代，他们的祖先从瑞典、挪威、丹麦渡海过来。在中世纪法兰西兴盛的时代，他们的祖先跟着征服者威廉从欧洲过来。这些大陆移民和本来的土著民族混合成了现在的英国人。人种的混淆正是一切民族的必然经历。

但是，一旦成了英国国民，他们便锤炼出不可思议的性格，留下与众不同的历史。他们最初是做船夫漂泊在异乡，到处攻打外国各种船只。他们支配海洋，把世界贸易权限牢牢掌握在自己手上；同时，他们还善于利用机器进行生产。

工业革命时期，他们从印度和南北美洲掠夺大量财富，使自己的工业成为世界第一的大工业，他们将生产的产品卖给全世界。由此看来，英国是有着等级观念的"强盗"，他们善于掠夺财富。

他们在泰晤士河畔筑起浓雾中的伦敦都市，逐渐把世界的财富集中在这里的街市上。他们形成了以农村大地主为中心的贵族阶层，建立了完整有序的等级社会。

英国是世界上出现得最早的工业国之一。他们的统治阶级是大地主和伦敦金融资本家相结合的产物。他们用土地和资本的力量来支配着这个国家。

英国的统治阶级特别善于权谋。他们富有经济才干，能巧妙地榨取一般民众的剩余价值，使巨富资产集中在少数人手上。另一面，他们为缓和阶级矛盾而设立议会制度，这个制度，就是疏通大众意志的保险阀门，这也是他们作为新兴的统治者的高明之处。

我们必须看一看乔治三世统治下的英国贵族社会。贵族们非常富有，他们有着广阔的庄园，威震乡村。富丽堂皇的宅邸周围，有着成百上千亩土地。这些土地或者给佃农耕种，或者作为牧场，或者作为打猎的林苑，繁殖着松鸡、狐、兔等。

他们这么富有的原因不难解释，因为对印度的掠夺，对运送南北美金银的西班牙商船的抢夺，以及机械工业制造品输出世界的赢利，使财富像潮水一样猛然间进入英国，特别是英国贵族的口袋。更何况那时候的英国也尚未放弃发展传统的农业。

权贵阶层在社交季节来到伦敦，出席议会，开夜宴，谈论文学，又管理着商业。即使在这样的社交季节中，周末也多半回到农场庄园去。他们观赏各式景观，并招待许多留宿的客人举行夜宴。英国的高级政治问题到今天还多半是在田园聚会中解决的。

上议院当然是他们的，下议院也是他们的。选举区几乎是他们私有的，历史上所谓的"腐败选举区"便是他们的丑闻。他们公然用金钱收买投票人，使自己的亲戚和党羽成为下议员，分成两大党派，他们掌握着英国的政权。

在农业方面，贵族们是农场的所有者，富农和乡绅无法与之抗衡，小农和佃户则任其摆布。特别是在贵族们夺取了农村公有土地以后，佃农们更是失去了放牧牛、马、猪、羊以及采伐木材的便利，因而，一年一年陷入穷苦的深渊。

可是当时英国的贫民法，规定了贫民只能留在出生的故乡，不准移居他处。佃农们无法在他们提供的劳力的土地上自由旅行，必然定居一处，按照当地的大地主的意旨去做工资低廉的工作。随着工厂的出现，劳动者就更加穷苦，而贵族也更加富有了。

在都市贵族也是富裕的。除了那时开始陆续出现的少数新兴资产阶级外，无论是金融、工业、对外贸易等，几乎社会生活的各个方面都操纵于贵族之手。

理所当然的，文人靠着贵族的庇护而生活，也是显而易见的事情。因为他们有许多金钱和时间。

有关英国的教会势力，也是我们在此必须提及的。在欧洲各国中，英国早已把罗马教皇支配下的天主教摆脱掉，把一个不同于罗马的天主教奉为国教。

后来，除了这个正统派新教之外，民间又兴起了另一种新教，在新兴的中产阶级中间不断扩展，它就是"独立派新教信仰者"的团体，他们的势力也在一年一年不断地增长。

英国重视宗教，国教僧侣享有和贵族同样的待遇，在上议院有着席位。那些僧侣得到豪华的住宅，拿着丰厚的俸禄，过奢侈的生活。

英国皇室是1066年从法国西岸诺曼底渡海过来的征服者——威廉的后裔。经过各种统一后，1714年迎接德国汉诺威的选举后做英王，叫作乔治一世，后来称为汉诺威王族——这是英国皇室的祖先。因为建立汉诺威王朝的是英国贵族中的辉格党人，所以他们的势力一直很强大，他们长时间控制着英国。

乔治一世不懂英语，国家内政事宜全都委托首相沃尔波尔处理。这是英国内阁握有政治实权的开端。

出身于贵族的沃尔波尔在主持内阁的20年间，树立起责任内阁制和下议院的优越制度。但他在位时却不受爵位，留居下议院。他辞退首相职位以后，才答应移到上议院去。

英国的皇室先是从法国来的，后来是从德国来的，因此，比起土著的贵族来说反而是后来者。如果他们违反了贵族的意志，皇室便难以保住自己的地位。所以，贵族以及一般民众，养成了舞文弄墨自由地批评皇室的习惯。由于这种情形，所以支配英国的势力是在贵族手上。

那么，贵族过着怎么样的政治生活呢？那时候的英国又是怎样被统治着的呢？

现在我们要谈起的拜伦时代，是从1788年至1824年。这时候，是托利党执政的时代，国王是乔治三世。1811年乔治三世精神错乱以后，太子成为摄政王；1820年乔治三世病死，摄政王正式即位，称乔治四世。

在拜伦出生前后的几十年间，世界上发生了几件大事。拜伦出生之前的12年，美国脱离英国而独立。出生后第二年，法国发生大革命。拜伦5岁那年，拿破仑因为"土伦一战"而声名大振。他11岁那年，拿破仑做了革命的法国的第一执政。

1804年，拜伦16岁时，拿破仑登了皇位。同时，英国的小皮特第二次组阁，英法战争开始。拿破仑在滑铁卢战败被流放到圣海伦娜岛的1815年，拜伦27岁，正是他在伦敦声名大噪的时候。

乔治三世即位，把向来握有权柄的辉格党贵族的要职尽皆撤去，让托利党贵族代替了他们。

他任用一些凡庸的人担任阁员，想努力恢复王权。在私生活方面，他是没有一点可以非难的，但是在政治生活方面，却弹压国民的自由，拿钱收买议院，疏远福克斯那样的人才。他让心腹诺思勋爵做首相，以至于失去美国这样的盟友等。因为败绩太多，所以他在国民中间名声很不好。

这时候，英王的长子——后来的乔治四世，却与辉格党贵族交好，他反对父王，崇尚民权自由。可是，与父王相反，他在私生活方面非常放纵无度，负债如山，他让赌徒和美女聚在自己的周围，使得国民厌弃。

托利党贵族中似乎少有政治人才，在同两代英王的结合中，除了一个威廉·皮特之外，几乎都是不能执掌政权的人。皮特在1806年去世后，由滑铁卢的勇将威灵顿公爵率领托利贵族担当首相。他只是能安邦定国的武将，对于治理国家却一窍不通。

从拿破仑战争末期到拿破仑死后第二年，英国的外交是在卡斯尔雷指导之下进行的。拜伦用笔来作战的对象便是他。托利党贵族是在专制的乔治三世之下执政的，所以缺乏智勇能辩的人士，而大多数人都是曲意逢迎、蠢笨无能的家伙。

他们反对法国革命，同时反对代表法国革命的新思想、新风潮。他们竭尽全力压迫民权，维护国王的神权和贵族的特权，维护传统的教会势力，努力用王权、宗教、黄金去维持社会秩序。

与托利党贵族截然不同的是，被置于反对党位置的辉格党对新思想有着深刻的理解，他们具备与时代共同进步的良好品质。他们以民众为背景，尝试着去跟国王和托利党贵族对抗。

对于法国大革命的赞成与否，是衡量那个时候欧洲知识阶级的进步或保守的试金石。托利党贵族从来就是正面地反对革命的。在辉格党中，像雄辩家埃德曼·巴克也是反对法国革命的，许多党员还袒护着他；尽管如此，党的领袖查理·福克斯却敢于同情法国革命，直至英国同拿破仑开战，他还没有改变偏向法国的立场。

英国有着一种奇特的社会制度，一方面有着议会制度和言论自由的"不成文法"，另一方面则继续着传统的贵族统治。他们表面是进步的、民主的，而实际的内心却是保守的。

拜伦就是出生于那个动荡时代的英国没落贵族，他也有着上面提到的英国贵族的缺点。拜伦从出生就面对着一个乱世，这个乱世是旧的封建社会瓦解，新的资本主义社会建立的时期。这个时期的人们是盲目的，缺乏信仰的，人们需要拜伦这样的诗人指引道路。拜伦就是顺应这个时代而生的。

天生的缺陷

拜伦的祖父是一位海军中将,他的家庭也是有贵族爵位的。但是,他的运气很不好,每当他出航便起暴风,海员们都叫他"暴风杰克"。

"暴风杰克"有两个儿子。长子叫做杰克·拜伦,就是诗人拜伦的父亲。他年轻的时候在法国陆军学校受教育。毕业后,当了英国陆军的近卫士官。

拜伦的父亲参加过对美国的战争。因为性急、粗暴而又喜欢赌博,因此欠了很多债务。所以他被叫作"疯子杰克"。不过,因为他长得帅气而又英武,所以在女性中间很有人缘。

当杰克20岁的时候,从美国回来,卡尔马瑟侯爵夫人被他的相貌深深吸引,于是抛弃了自己做侍卫长的丈夫和3个孩子,疯狂地追求他。

卡尔马瑟侯爵夫人继承父亲的每年4000英镑的收入,住在祖父传下来的大宅邸里,其本身既是名门望族又有丰厚的家产。这对年轻的没落贵族"疯子杰克"来说是非常有吸引力的。

他们很快就结了婚,婚后,两人离开英国移居法国。

在法国，他们生下女儿奥古丝塔，她就是诗人拜伦的同父异母的姐姐。奥古丝塔是对拜伦一生有着重大影响的女人。生下女儿不久，卡尔马瑟侯爵夫人就在法国病死了。妻子死掉以后，每年4000英镑的津贴也停止发放。年轻的杰克只好黯然回到英国。

当他来到巴思温泉散心的时候，遇见一个叫做凯瑟琳·戈登的少女。她是苏格兰名家的女子，双亲已经亡故，她继承了他们的遗产。凯瑟琳·戈登是一个身材矮而胖、鼻头宽大、脸上布满红血丝的女子，比起他死去的美丽的妻子，她的相貌就差得很远了。

但是，23000英镑的财产——其中3000英镑是现金，对于拜伦的父亲来说是很重要的。因为他以前欠下了很多赌债难以偿还，他需要找一位有钱的夫人过日子。

尽管凯瑟琳·戈登不漂亮，他们还是在1784年5月13日结婚了。这位夫人就是拜伦的母亲。

探寻拜伦母亲的家族，也有着不次于拜伦家族的可畏的血统。拜伦母亲家族的源头是苏格兰王室。

其祖先的第一代威康·戈登，是溺死的。其第二代被杀，第三代、第四代都因杀人罪而被绞死。后来的族人也大多是凶残暴虐，是使苏格兰人害怕的人。

这种暴虐的性格可能也遗传到拜伦的母亲身上，她也是一个脾气暴躁的女人。一个女人长得丑也就罢了，可是她还脾气暴躁。所有的男人遇到这样的女人大概都会头疼。

他们结婚后回到北苏格兰凯瑟琳·戈登的家里。可是，"疯子杰克"嗜赌成性，很快便把妻子家的财产荡尽了。夫妇两个便卖掉那些土地和祖产，移居到法国去。他们家一天一天地穷了下来。

结婚之后，两个人都失望至极。因为拜伦的父亲以为自己找了个"女富婆"，可以肆无忌惮地花天酒地。可他发现这个叫凯瑟琳·

戈登的女人不仅没有前妻漂亮有钱，反而还很吝啬。这样丑陋又小气的女人让他很厌恶。

拜伦的母亲本以为她和这个海军军官之间是真正的爱情，可是当她发现他只是为了钱才娶她时，她也深深后悔。但是，她又是那么爱他，她宁可死也不愿意离开他。

1787年，杰克为了躲避债主逼债，再次潜逃到法国；当时，大腹便便的戈登小姐，当然也紧跟着到了法国。戈登小姐已经有了身孕，行动非常不便。

这时的杰克早已囊空如洗，他每天从妻子那里拿一点钱来负责一家的吃穿用，还把自己和前妻所生的女儿奥古丝塔交给她抚养！

可怜的戈登小姐，不仅一句法语也不会说，还怀着身孕，可是她仍然对她的丈夫一往情深。她一直待到快要生产时，才带着那小女孩回到英国，把她交给孩子的祖母，自己则在伦敦找了一个地方住下来等待临盆。

在这种糟糕的境遇下，拜伦出世了。那是1788年1月22日。母亲给他取名为乔治·戈登·拜伦。

拜伦的出生并没有给这个家庭带来一点欢乐。拜伦的母亲每年只有150英镑的收入，这些收入要供养保姆和仆人，还要给拜伦的父亲去法国游玩。她的日子过得很辛苦。于是她变得很敏感和脆弱，经常拿刚出生的小拜伦出气。每当拜伦啼哭的时候，她都会大声地叫骂、呵斥这个幼小的生命。

当拜伦学走路的时候，他们发现他的腿有问题——他是"瘸子"。

这让拜伦的母亲更加恼火，父亲是糊涂虫，儿子是"瘸子"，这样不幸的事情对于一个女人来说是多么残酷。拜伦的母亲几乎要崩溃了。她非常想让儿子看起来正常一些，可是她不是医生，对于拜伦的跛脚，她无能为力。

拜伦的父亲在拜伦3岁的时候在法国的郊区死去了。他贫病交加，几乎是饿死的。

在极度绝望过后，拜伦的母亲会突然发起狂来。她把跛脚的拜伦看作是上天对她的惩罚。她把拜伦的跛脚看成是儿子故意和她作对，所以她会说出很多恶毒而又难听的话来。在拜伦稍微长大一点之后，她便命令女仆每天晚上用绷带绑着他的脚睡觉。这类似于中国古代女人"裹脚"之类的矫正方法，使得拜伦非常痛苦。

有一次，女仆带着拜伦在阿伯丁的街上散步。一个妇人经过他们旁边，她看着拜伦说："呀！多么漂亮的孩子！可惜是个瘸子！"

拜伦用燃烧着愤怒的目光盯住她，用手上玩的鞭子抽打她，大声说："不许你这样讲！"

幼小的拜伦对这种脚部的残疾感到羞耻，想到自己不能像别的孩子一样正常走路的时候，他觉得自己像中了上帝的诅咒一样。为此他经常偷偷在床上哭。

除此之外，他还要忍受母亲的怪脾气。对于这个生来就比别人加倍敏感的孩子来说，这样的心理负担实在是太沉重了。他的性格逐渐变得忧郁。他已经不像其他的孩子那样天真活泼了。

他经常一个人默默地呆坐着，脸上时常挂满泪花。他的眼神里充满苦楚和自卑。因为他身上背负的东西已经远远超过了他那个年龄所应该承受的一切。

他的有神经质的母亲有时候会把他当作掌上明珠一样爱抚，她把他搂在怀里，亲昵地叫着他的名字，或者抚摸他圆乎乎的小脸，像一位和蔼可亲的母亲一样爱着自己的孩子。但更多的时候，她是横眉立目的，像寺庙里的罗刹一般凶狠。当她因为心情不好而发作的时候，就会顺手拿起盘子、火筷子之类的东西不管不顾地向着拜伦扔过去。

拜伦一直都默默忍受着母亲的喜怒无常。他像大人一样用沉默来表示抗议。实际上，拜伦的内心早就被愤怒的火焰烧得千疮百孔了。谁也不知道他在默默生气，他沉默的习惯已经成为他自己独有的特质。

鲁迅说过一句话：沉默啊，沉默啊，不在沉默中爆发，就在沉默中灭亡。

有一次，小拜伦终于爆发了。当母亲骂他是瘸腿的饿鬼，又用盘子朝他扔过来时，他不出声，从桌上拿起一把小刀，向着自己的胸口猛刺。仆人惊得跳起来，急忙把刀夺走，他才安然无恙。他是因为实在受不了母亲的刺激而想自杀的。

几年后，有一次，他和母亲大闹一场。过后，两人都跑到附近的药店去问药店老板，对方有没有去买毒药。听说没有买，两人像约好了一样叮嘱说，如果对方来买，千万不可卖给他（她）。

聪明好学的孩子

拜伦4岁多的时候就开始上学了。和现在的孩子需要去幼儿园上课不同的是，那时候拜伦上的是阿伯丁的学校。不仅如此，他的母亲还给他专门请了历史和拉丁语的家庭教师。拜伦迷上历史，也是从那个时候开始的。

拜伦很喜欢读书。他和其他孩子不同，因为天生的跛足，他很自卑，所以他很少和别的孩子一起玩耍。这使他有了更多的时间读书，他喜欢从读书中得到乐趣。他的记忆力很好，很多历史事件发生的时间、经过他都能准确地说出来。人们很佩服他，认为他是个与众不同的记忆力超群的孩子。

拜伦6岁的时候，一件意外的好事改变了他的命运。原来，"邪恶的拜伦男爵"的孙子，在科西嘉被炮弹炸死了，拜伦被指定为他的合法继承人；拜伦的母亲也因此可以在苏格兰的贵族亲友们面前抬起头来了，于是她开始教导拜伦恢复他贵族身份所应有的态度、礼仪。

这个时期的拜伦，在班级上虽然成绩一般，但却很喜爱读课外书籍，这其中有一本土耳其历史是他最欣赏的。他说："它是我童年时期最喜欢读的一本书,或许是它使我的诗增加了一点东方的色彩!"除了历史外,他也喜欢读航海或冒险的故事,如《一千零一夜》和《堂吉诃德》。

拉丁语家庭教师是个热心宗教事业的很认真的人,他是加尔文教的虔诚的信徒。

苏格兰是宗教发达的地方,大多数人都是很认真的信奉神明的教徒。拜伦的乳母梅·格雷也常常给他讲神灵、天国、地狱等事情。拜伦的幼年头脑中,不分昼夜地被灌注着加尔文教思想,那些印象自然会遗留在脑子里面。

拜伦虽然宣称他一生没有宗教信仰,但是,幼年时候耳濡目染的长老会教派的认真、唯一的信仰,却已经深深地刻在他人格的最深处了,这是难以磨灭的东西。

他在这种充满宗教氛围的环境中成长。可是时代却向着相反的方向进行着,这就是他一岁的时候爆发的法国大革命。拜伦的母亲是辉格派,自然同情革命。家庭的环境影响到幼年的拜伦,他也逐渐对革命抱着同情了。

他8岁的时候,因为得了"猩红热",在学校的劝说下,他和母亲一起到了苏格兰高地勒钦伊盖峰附近乡间疗养。在这里他喜欢上了当地的一位漂亮的女孩。他觉得她就像天使一样美好。这算不上是爱情,这只是一个受尽歧视、受尽凌辱的少年在一个同龄人面前找到自尊的快乐。因为那个女孩从来没有嘲笑过他的跛足。她对他很好,他们像好朋友一样平等地相处着。

尽管如此,拜伦还是觉得很自卑,他觉得自己的跛足配不上和那么美好的女孩做朋友。有的时候,他懊恼得想自杀。甚至在很长的一段时间内,他都没有办法平静下来。

10岁的时候,根据爵位的继承规则,拜伦成为第六代男爵。他终于在母亲的期盼下成了纽斯台德的主人。这样的幸运降临在他头上，使得这个喘息在贫穷深渊的一家也有了转机。当他得到消息时惊讶地瞪大了眼睛问他的母亲：

我和以前有什么不同的地方吗？我自己看了很久，也看不出自己当了贵族以后和以前有什么不一样！

最令他尴尬的事是学校里的老师把他找去，给了他一些酒和蛋糕，并且还在他毫无准备的情况下，向班上宣布他的新身份。禁不住众人的注视，这位新的爵爷居然大声哭了起来！

通过拜伦母亲代理人的调查：去世的爵爷所遗留下来的财产，清偿债务以后，连丧葬费都成了问题。而且老爵爷死在5月，拜伦母子必须等到8月，才能离开苏格兰去英格兰领受他的男爵头衔。

拜伦的母亲只好把全部家当以74英镑卖出去，凑足了去英格兰的路费。我们不太清楚拜伦离开故乡的心情如何。不过，从他对一首苏格兰民谣忆往日的感想中，我们不难看出，拜伦在苏格兰的确有过一段快乐的童年时光。他写道：

我虽只是半个苏格兰人，但却流着整个苏格兰人的血液！

他们像做梦一样，终于可以有机会回到纽斯台德庄园了。这对于他们异常贫苦的家庭来说，会是怎样激动人心的事情啊！于是家里上上下下都在准备着，他们开始打点行囊，准备起程，去那个纽斯台德庄园，成为那里的主人。他们的贫苦日子终于要结束了。

小拜伦并没有多高兴,因为他是跛足,尽管有了爵位又能怎么样呢?他还是不能像其他小朋友那样可以自由自在地玩耍。相反,成为"男爵"之后,他还要面对更多人质疑的目光。他担心有人看见他会说:"看,那个男爵是个跛子!"

这样的话,他听得太多了。他害怕再次被更多的人嘲笑。所以他得知要搬到纽斯台德庄园的消息之后,一点也没有高兴的感觉。

备受虐待的童年

秋风送爽的时节，10岁的拜伦在母亲和乳母带领之下，去了纽斯台德庄园。离开苏格兰的大好河山，走进秋季还是绿草铺地的英格兰的时候，内心丰富的拜伦激动不已。他不知道未来会怎样。纽斯台德庄园，就像是一个未知的魔盒，不知道里面会怎样。

从诺丁汉市刚过去几英里，车子走进了阴郁的森林里。那就是纽斯台德庄园的入口。拜伦母亲的伦敦代理人韩生先生和他的太太早已经在那入口处恭候多时了。

随后，韩生夫妇带领他们四处参观。

看守的人问："是谁？"

车上的女音得意地高声回答说："拜伦新男爵。"

门开了，车走进去了。经过一两处低矮的灌木林，转过一片松林，纽斯台德庄园猛然出现在少年拜伦的眼前。

那是用灰色的石头叠成的中世纪哥特式庄园建筑，低垂的灰色浓云是它的背景；大树直立在两边，庄严肃穆地像古城一样耸立着。那看起来像是《天方夜谭》中的场景。这时，像是有什么堵住了拜伦的咽喉。

"这就是你一生的住所啊!"

这样的声音低低地在他耳边响着。

比起以前阿伯丁狭小污浊的旧宅来说,这是多么雄壮、典雅的城堡呀。他和母亲、乳母由老看守人墨瑞引领着,到处观看。出现黑袍僧幽灵的房子,伯祖父和蟑螂游戏的厨房,参加十字军东征的先祖所刻的沙拉逊人头……都充分地引起拜伦的无限遐想。

城堡前面有水池。对于爱游泳的拜伦来说,这是最让人高兴的。后面还有射击场。原来听说伯祖父常常带着两支手枪来散步。这正是他自己期盼已久的事情。要弥补自己有残疾的身体,只有手枪,才可以让自己看起来更威武。

这么想着,他便拿起玩具手枪去散步。他想到伯祖父是拿着两支真正的手枪走路的,便深深地感到欢喜了。

这 2000 多亩的地面,大部分像公园一样,可以纵马奔驰。附近的小河,河水清澈见底,水中的小鱼沐浴着日光游来游去。而且,这宏大的城堡中,各种书籍堆积如山,拜伦在这里可以任意诵读。

虽然古堡看起来宏伟壮观,但是因为被上一辈撂荒了,这里除了大,除了可以任意玩耍之外,已经不能给这个贫困的家庭提供任何经济来源了。

不得已之下,拜伦的母亲把他托付给乳母梅·格雷,自己到伦敦去向政府领取年金。这期间,拜伦在诺丁汉被没有教养的乳母虐待着。梅·格雷是一个嘴上说着宗教而实际上却放荡乱来的女人。她喝完酒,把马夫带进家里来,肆无忌惮地殴打拜伦。

最初发现他被乳母虐待的,是拜伦母亲的伦敦代理人韩生。韩生给伦敦拜伦的母亲写信,告诉她小拜伦的悲惨境遇,劝她快些回来保护他。

拜伦的母亲在离开家之前，还听信了那地方一个庸医的花言巧语，而托他治疗拜伦的脚。那医生只使用油脂为拜伦按摩，并用机械方法绞紧拜伦的脚，用木板把他的脚包扎起来，这就算是治疗了。这种类似于"酷刑"的治疗方式，给拜伦带来了很大的痛苦。可是他以天生好胜的性情，一直忍耐着这种痛苦。

他的拉丁语家庭教师罗杰斯看到这种情形，便说："很痛吧？给我看看，行吗？"

他回答说："不。先生请不要担心！我绝不做出怕痛的样子。"

少年拜伦的这颗勇敢的心，使罗杰斯非常感动。他忍受着母亲的喜怒无常，忍受着乳母的残忍暴虐，现在又忍受着庸医的苦痛折磨。人类的虚伪面孔在拜伦早熟的头脑中，留下了越来越深的痕迹。在这种伪善的环境中，他学会了怀疑一切，他也学会了忍受命运的折磨。

早熟的他认为：忍受虚伪、卑劣、残酷、贫穷的唯一途径，便是对这一切采取嘲笑、鄙夷和蔑视的态度。后来表现在他的诗篇《别波》《唐璜》里面的收放自如的讽刺和幽默，正是悲惨的少年境遇所造成的。

但是，上天并不是只给人类以悲惨的苦果。在冰天雪地的世界屋脊上，也会有盛开的雪莲花。这时候，拜伦第一次会见了表姐玛格丽特·帕克。

此时的他，苦恼于整个燃烧起来的爱恋的情火中。他在笔记上写道：

> 她美丽、柔和得像是彩虹做成的一样。像往常那般，我的情感以激烈的力量压迫我自己，睡不着，吃不下，连休息也不能够了。

恋情不是因为玛格丽特·帕克的美貌而产生的。对玛格丽特的热爱，像冰雪中的一片红梅，投给他暗淡的少年生活以一线光明。

正在这个时候，迷信的母亲还在听女巫的占卜：

你有一个跛脚的孩子。他结两次婚。第二个太太是外国人。你的儿子一生有两个危险时期：一次是27岁前后，再一次是37岁前后。

拜伦在隔壁静听着，他一生也不曾忘掉这个预言，以至于他后来在36岁病入膏肓的时候，都因为这个预言而想要放弃治疗。

韩生律师觉得拜伦必须接受比较系统的教育，因此建议他母亲送他去伦敦。韩生说，那里或许有医生能治疗拜伦的脚。韩生帮拜伦的母亲向国王请愿，争取到拜伦到达威区一所小学校就读的一切教育费用，并请拜伦的亲戚卡力索伯爵担任监护人。

1799年7月12日，拜伦随着韩生先生到了卡力索伯爵家。

拜伦进了达威区的学校以后，因为拉丁文的训练不够，再加上不专心学习，所以名次一直落在别的学生之后。

韩生先生觉得这样下去也不是办法，于是便劝说卡力索伯爵让拜伦到哈伦的公立学校去念书。韩生先生明知以拜伦的程度，上公立学校的确有些吃力，可他却说："这小孩子还有点聪明，总是可以造就的！"

因为韩生看出拜伦的智商在同龄的孩子里是罕见的高，艰难的生活促进了智商的发展。毕竟一个生活在幸福环境的孩子是不需要思考那么多问题的，他们只需要直接从父母手里"拿来"各种真理。但是处于不幸的家庭环境中的孩子，就像拜伦这样的家庭，他们还需要思考父母令人匪夷所思的行为是什么原因造成的；他们需要思考人生的价值，他们在智力上更发达。

韩生觉得拜伦只要能在一个好的学校读书，一定能通过自己的努力取得不错的成绩。拜伦也的确是爱读书的好孩子，他将来必然会大有一番作为的。

后来，拜伦的母亲终于取得了每年300英镑的皇家补助费，韩生先生也给拜伦选定了合适的学校——哈伦公学！

求学于哈伦公学

1801年的4月,韩生带着拜伦到哈伦公学去见校长。这是一所有名望的学校,学校离伦敦不远,大约只有9英里。

这座历史悠久的公学创立于1571年,那时候的哈伦公学,正是在著名校长德鲁里博士的领导下,颇有成绩的时候。这里树木参天,河水清澈,风景优美。当然这些都不是最重要的。最重要的是这是一所没有等级、没有偏见的学校,就连美国大使也把孩子送到这里读书。

尽管如此,拜伦在这里还是受到高年级学生的嘲弄和欺负,但是他以强大的忍耐力和斗志战胜了那些嘲笑他的人。他甚至还为其他人出头,替他们挨打。他的自我牺牲、舍生取义的精神在那个时候就已经初步形成了。

在哈伦公学,他第一次遇见值得他尊敬的人物,那便是校长德鲁里博士。博士的严格公正的态度,使他深为敬佩。

所以,到后来德鲁里博士校长职务被罢免而由巴特勒博士代替的时候,已经是剑桥大学生的拜伦,还作了一首短诗来歌颂老校长而痛骂新校长。不过,后来他明白他误解了新校长巴特勒,便很惭愧地去道歉认错。

当时是韩生律师把拜伦介绍给德鲁里博士认识的。他说:"这是个可怜的孩子。他从小受了很多人的欺负,不过他天资聪明,是个读书的好材料,希望博士能多关注他。"德鲁里博士送走韩生律师之后,便把拜伦领到自己的办公室。

他问了拜伦的一些个人的想法,了解到拜伦是个不错的孩子。只不过他更像是"野惯了的小马"需要好好调教。他认为拜伦不是个简单的小孩儿,他认为拜伦是很有思想的。

校长看出了拜伦的天分,他在写给拜伦的监护人卡力索伯爵的信中说:"这孩子颇有天分!将来会给他的爵位锦上添花。"

拜伦很担心自己因为功课跟不上会被安排到比他小的班级。他和校长说了他的担心。校长觉得拜伦是敏感的孩子,尽管功课可能跟不上,但是他还是决定把拜伦分在和他同年龄的班级。为了防止小拜伦跟不上课程,他还特别指定一名教师对拜伦进行课外辅导。

德鲁里博士发现,对于拜伦这样像"小野马"一样桀骜不驯的孩子不能来硬的,用细丝线牵引比用粗绳子捆绑好用得多。所以拜伦很快被德鲁里博士的教育方式所折服。因为德鲁里博士和别的大人不一样。他是很讲公平、公正的,他教育人的方式也很严格。拜伦第一次接触到活得这样真实的人。他不像其他人那样带着伪善的面具。

暑假好不容易来临了,拜伦又可以回去和母亲在一起了。这时候韩生先生又为拜伦向皇家高等法庭争取到每年500英镑的教育经费,并且请来贝里和劳瑞医生,为拜伦设计了一只鞋。这只鞋子的右脚踝处有个支架,穿的时候用绷带连脚一块儿包起来。

穿上这只鞋子走路,可以调整双脚的平衡,不至于被看出是跛脚。可是,在学校里拜伦很不愿意带着这个麻烦的支架,因为这使他的行动不能像别的小孩一样灵活。

拜伦对每种运动都要尝试，而且对板球特别得心应手。他也开始结交许多新朋友。年纪比他大的朋友，大都来自平民家庭，拜伦无法与他们交往。而只有年纪比他小的贵族，才肯跟他做朋友。

学校的同学们也慢慢地由嘲笑拜伦变成了敬佩拜伦。因为拜伦跛足，他经常遭到同学的戏弄，但是他从来没有屈服过。他非常坚强和勇敢，他战胜了他们。

拜伦身上似乎存在着一种魔力，他毫无畏惧，也没有因为自己身体的残疾而觉得自己卑贱。相反，他是高傲的，他更像一位勇敢的骑士。在学校里他争斗的次数非常多，他从来没有因为自己是跛足就放弃和那些嘲笑他、捉弄他的孩子斗争。

另外，在学校里，他参加各种各样的体育活动或者体育比赛。他喜欢游泳和潜水，他从来没因为身上的残疾而示弱。他也不说谎话。在其他同学看来，拜伦就是一位励志大戏的男主角，他们开始欣赏他的纯粹和胆识。

第一年的学校生活让拜伦很累，他不得不应付同学们的嘲弄。他对课业不感兴趣。他还经常一个人，摇摇晃晃地爬上学校附近的哈伦山顶。那山顶有一座教堂，教堂旁边就是寂静的墓地。

拜伦喜欢坐在墓地上冥想死亡的恐怖景象，有时他眼前马上就变成了烈火丛生的地狱。这让他很害怕，他更希望人死了，就和睡着是一样的，安安静静地躺在墓地里才好。

因为此时他深深喜爱的表姐去世了。她只有15岁，那是花季一样的年龄。他不忍心地想到表姐美丽的样子被装进棺材，埋到土里，他难过地闭上了眼睛。

后来他为表姐写了这样一首诗《悼念一位淑女之死》：

晚风沉静夜已静，
林间微风悄无声。
清扫玛格丽特坟冢，
花献钟爱之尘土。

狭小墓穴藏身躯，
当年芳华消逝。
如今死神携她去，
天年难被丽质救赎。

哦，死神若仁慈，
上苍撤去裁决，
悼者不必诉哀思，
诗神不必赞洁莹。

何须痛，其魂已高翔，
凌越于苍穹。
天使领路入闺房，
"德行"迎来乐无穷。

可容凡人责上苍？
如痴斥天意。
骄狂妄想已远殇，
上帝旨意安能抗拒。

淑贞美德不能忘，

娇容忆如初。

一往情深热泪盈，

贤德丽质心头迸。

这首悼念表姐的诗，写得非常哀怨，文笔流畅，字里行间流露出对姐姐英年早逝的无限感叹和伤心。这是拜伦目前留存下来的诗歌的第一篇作品。这首诗在拜伦的一生中比不上《唐璜》，但是，它对于拜伦来说是非常重要的，由此他开始走向了诗人的道路。

受伤的第一次恋爱

1803年暑假，15岁的拜伦回到纽斯台德的古堡。经过韩生先生的努力，纽斯台德的庄园终于找到了承租的人格雷先生。

那是一个23岁的年轻贵族，地位比拜伦要低，但是他愿意以一年50英镑的租金租下纽斯台德这块地方。也因为这样，拜伦的母亲必须搬到附近一个名叫南井的地方去住。

放暑假的时候，拜伦虽然和母亲住在一起，可是，不久就对这个只有3000多人口的小镇感到了厌烦。于是，他们又搬回纽斯台德和看守庄园的人住在一起。

拜伦是被当作客人邀请来的。

他走进森林去寻找他6年前种的橡树，它们已经长起嫩芽。穿过森林，在"新娘的小路"尽头那边，便是亲戚查沃思家，那儿住着美丽的玛丽·安·查沃思。

他用一种和他年纪不相称的口吻说："要是它茂盛了，便是我也走运了。"

凉风吹拂着林荫路，水莲花开满了清水池，月明鸟啼的古城楼，似乎300年前僧侣们祷告的声音隐约听得见，黑袍僧幽灵出没的长廊，这一切，都充分刺激着少年人的幻想。这座古堡还是老样子没有改变。

寂寞的拜伦对于比他大两岁的玛丽·安产生了热烈的爱。生长在森林的城堡中的玛丽·安不正是中世纪传奇小说里面的公主吗？拜伦的思绪像野马一样奔腾。

拜伦在月光下偷偷从小路去探访恋人的窗口，那不正像莎士比亚剧中罗密欧与朱丽叶的爱情故事吗？况且，她的一位先人正是被拜伦的伯祖父"残酷老爷"一刀砍死的，拜伦家和查沃思家也有世仇，那不完全和罗密欧与朱丽叶的故事一样吗？

拜伦似乎是痴迷于他和玛丽·安之间世仇的身份而产生的爱情。这样的爱情，更有传奇的色彩。玛丽·安此时还赠送给拜伦自己的肖像和戒指作为礼物。拜伦已经把它当作定情信物一样珍视。

可是玛丽·安并不像拜伦头脑里所想象的那样纯真。她已经和邻近的财主绅士订了婚。她把拜伦当成情人一样，因为在她看来，多几位不同类型的男朋友，是证明她有非凡的女性魅力的证据。她和拜伦在一起只是为了拿他寻开心，可是这一切拜伦还被蒙在鼓里。然而纸是包不住火的，梦想的破灭正等待着可怜的拜伦。

有一晚，拜伦像平常一样，到她家去，在楼下大厅等着。她并不知道他的到来，还在楼上和使女谈话："你以为我会喜欢那个瘸子吗？"

这声音像个大铁锤一样重重地打在少年的心上。他翻转身，在黑暗中曳着跛脚跑过森林，回到纽斯台德古堡。

当他进了自己的房里，赶忙把门关起来。一头栽倒在床上，悲哀和愤怒像暴风雨一样在他身上猛烈袭击着。他像死了一样绝望，那句话对他来说简直就是奇耻大辱。

因为几天前他们还像一对真正的情侣一样策马扬鞭在城堡里追逐嬉戏。他把她当作爱人一样看待，而她却只把他当做玩偶。他没想到这样美丽的女孩竟然在玩弄他的感情。这实在是太过分了。

可是，苦痛得彻夜难眠的拜伦，第二天早上竟然安然无恙地去拜访查沃思家了。他装作一点事也没有的样子，像平常一样地和玛丽·安游玩。

尽管他的内心像被刀砍斧剁一样痛苦，但他本人却波澜不惊地和对方谈笑风生。有着钢铁一样坚韧精神的他，无论什么痛苦都能够默忍。他和别人不同，他不想逃避那使得自己痛苦的人，反而要去接近她。

玛丽·安的那句话，已经成为拜伦心中一生难于消除的创伤。尽管表面上他泰然自若，可是内心已经对女人失望透顶。

9月来临假期结束之际，他断然拒绝返回哈伦公学，无论母亲严格地命令他回去，他都不为所动。

他写信给母亲说："我知道回哈伦公学的时刻到了。回去会使我'痛苦'，但我愿意'服从'。我只想恳求你再宽容一天。我'发誓'，明天下午或者傍晚我就能回来了。"

对于这个15岁的孩子来说，这是一封态度非常坚决的信。虽然他母亲同意了宽限一天，但是拜伦第二天也没有动身。两个星期过去了，他还没有去学校。他需要时间来抚慰内心的创伤。

这是他的第一次失恋。这也是使他终身对女性抱着深刻厌恶感的根源。

在女人面前，他总不太喜欢开口说话，更多的时候他只是低垂着双眼沉默着。在母亲和乳母虐待下长大的他，实际上是害怕女人的。现在他的初恋又被这样残忍地践踏，从这一刻开始，他要报复女人。

"好的！就这样做！"内心燃烧着熊熊的怒火的拜伦倚在古堡的窗前默默地发誓要报复女人。

唯一爱的亲人

初次恋爱失败对拜伦的影响很大,他整整一个学期都没有上课。直至1804年,拜伦才再次来到哈伦公学继续读书。

校长没有因为他逃学3个月而处分他,相反,他还很器重拜伦,他把拜伦招到了自己带队的特别学习小组,传授他拉丁文和希腊文。此时的拜伦已经是高年级的学生了,他有欺负低年级学生的能力,但他从来不那样做。他喜欢保护那些比他小的孩子们。

在他的保护下,低年级的学生很少被人欺负。他从保护他们之中得到了满足感。他觉得自己是一个非常有用的人。在学校里,他的威望也逐渐升高了。同学们很敬重这位可爱的大哥哥。在哈伦公学的演讲日,他作为代表进行演讲。在同学们看来,这是非常高的荣誉。

他的同父异母的姐姐奥古丝塔,就是在他对女人绝望的时候闯进了他的生活的。

奥古丝塔是杰克·拜伦和死去的前妻所生的女儿,比拜伦大4岁。奥古丝塔在母亲死后被带到外婆家去养育,拜伦只是听说有这么一个姐姐。拜伦出生之前，奥古丝塔也曾被现在的拜伦夫人接回来过。但是拜伦一出生，她又被带到外婆家去了，所以两人10多年间都没有会见过。

他们两人初次会见的时候，拜伦15岁，奥古丝塔19岁。两人一见便非常要好。从这一年起，拜伦和奥古丝塔之间的通信便开始了。

拜伦第一次给姐姐写信是这样的，他写道：

现在我要尽我最大的努力来报答你的好心。我希望你不但是把我看作是你的弟弟，而且看作是你最热情、最爱慕的朋友。如果情况允许的话，再把我看成是你的保护者。

请你想一想，我亲爱的姐姐，无论在血缘上还是在感情上，你都是我在这个世界上最亲近的人。要是有什么事我能为你效劳，你只消说一声就行了。相信你的弟弟吧，相信他永远不会辜负你的信任。

遇见表哥乔治·利时，请转告他，我已经把他看作是我的朋友。我的和蔼可亲的姐姐啊，不管什么人，只要你爱他，我也会同样爱他。

奥古丝塔已经和表哥乔治·利陆军骑兵上尉订了婚，正热烈地想念着未来的良人。拜伦的来信让姐姐很高兴，后来他会在信上和姐姐探讨爱情问题。

他写信告诉姐姐说：

我想马上去参加舞会，然后疯狂地爱上一个女人，随便哪一个女人都行。这将是一种乐趣,能消遣时光,而且,它至少具有一种值得欢迎的新奇的魅力。

你知道,在随后的几个星期之内,我会陷入绝望,会一枪干掉自己,"砰"的一声离开世界。我的一生将作为素材提供给人们,好让他们写出一段简洁美妙的罗曼史……

奥古丝塔回信说:

爱情是一种十分严肃的情感,我和表哥乔治·利之间的爱情就是那样的深厚。以至于我愿意为他承受一切,不论是幸福还是苦难……

拜伦却用与他年龄不相称的口吻来揶揄她说:

听说你那样热恋着情人,恕我无礼——我不觉失笑了。依我看来,恋爱不过是巧言、假话和风流故事相混合的呓语。要是我,如果有50个情人,只消两周之内就完全忘却了。

奥古丝塔是拜伦的第一位知心女友,她了解弟弟生活的苦难来自于他母亲魔鬼一样的脾气。

拜伦和母亲越疏远,和奥古丝塔的关系就越亲密。拜伦再一次回到哈伦公学读书,又是新一学期的开始。不过,这次回去,却是出于自己的决定。他在写给母亲的信中说:

富有、尊贵的路就在我面前，只要我肯，就能开出一条途径来，否则我将会走向灭亡！

16岁的拜伦，理想和抱负已经十分明显，他梦想着做一个议会中的著名演说家，因此，在哈伦读书的时候，他对演说这一科目特别用心，也一直想博得校长的赞赏。

这是一个少年在成长过程中必须经历的事情，他需要磨砺、需要实现抱负。就像我们小时候经常说要当科学家一样，幼小的年纪就有着这样理想的拜伦，并不是普通人。这也为他将来投身于民族解放运动中埋下伏笔。

他自己表示，在哈伦上学的时候，大家都觉得他除了玩耍、捣蛋和发呆以外，并不喜欢读书。其实，这都是对他的误解。

"事实是……"拜伦说，"我吃饭也读书，在床上也读书，别人没有读的时候我还在读书！而且，从15岁开始就什么书都读过了。"

拜伦的母亲的脾气随着年龄的增长在不断恶化。拜伦和母亲之间的关系也非常恶劣。他们就像不共戴天的仇敌，如果有一天不吵架，那就是奇迹。

每次吵架他们都互相侮辱对方，把对方说得一无是处。拜伦的母亲叫儿子"魔鬼"，是她的仇人。拜伦也不甘示弱，他讽刺母亲说假话隐瞒结婚年龄，是对年轻的小伙子心存不轨。

拜伦说："以前是她放纵我、溺爱我，现在却相反。而且，我们母子间之所以会争吵，都是为了那个讨厌的格雷先生……有一次我几乎怀疑我母亲是不是爱上了他。"

事实上，拜伦的母亲是个很可怜的女人，她27岁就守寡，为了儿子，她一直过着艰苦的生活。她去英格兰完全是为了儿子的生存考虑。可是拜伦继承了祖上暴虐的性格，他对母亲的苦心毫不理会。他们经常大吵大闹之后又互相后悔，他们不断互相刺激对方发怒又不断受到对方的伤害。

奥古丝塔竭尽全力去调和拜伦和他母亲之间的关系。她亲自给律师韩生写信，让他从中调和，及时汇报拜伦和母亲之间的关系发展情况。如果拜伦想出来散心，她也表示欢迎他来。她希望自己作为一个姐姐可以更好地照顾弟弟。

暑假结束的时候，拜伦又受到了一次更沉重的打击——那是他9岁时曾经的玩伴玛丽·达夫的结婚通知。从母亲口里听到这个消息的时候，他几乎要摔倒了。

快到开学的时候，他跨上马背，穿过纽斯台德的森林，去访问玛丽·达夫。那是为了去向不久就要出嫁的她作最后的告别。

通过家庭的礼拜室，他静坐在椅子上等着她。因为他内心充满悲哀，所以他的脸色是极其苍白的。他拿起纸来想写字，哪怕是写下几句道别的话也好，可是他的手一直在发抖。不得已之下，他放弃了，静静地坐在教堂里等待着玛丽·达夫的到来。

随着裙摆的摩擦声，她走了进来。她知道拜伦是喜欢她的，知道他对于自己的出嫁是用绝望心情来忍受着的，所以她来跟他作最后的道别。

看见玛丽·达夫出现，拜伦立刻从椅子上站起来。他握住她伸出来的手，那是像冰一样冷而颤抖着的手。两个人交换了最后的一个微笑。对于玛丽·达夫来说，这就是和拜伦的诀别，从此两人的生活就再也没有交集了。拜伦把她的手蓦地放下，转过身急忙走到室外，敏捷地跳上拴在庭前的马，"刷"的一鞭，向着广阔的森林飞驰而去。谁也没有看到他离开时眼角的泪水。

他写下了这样的诗来表达他和玛丽之间的感情：

吻似寒冰，
心要破碎，
默默无语，
流泪分手，
那一刻，预兆了我今日的悲痛。
清晨落在我额角的寒露，
是我此刻心情的预兆。
你变了——
变得如此轻浮，
当人们提到你的名字，
我听后也感到羞辱。
他们在我面前讲你，
声声如同丧钟，
我不禁战栗自问，
为何对你那般情重！
他们并不知我与你相识，
相识那么深。
我长久长久地悔恨，
恨到深处无法告诉他人。
你我曾秘密相会，
我在沉默中悲伤，
你如何自欺欺人，
把这一切全部遗忘。

如果在许多年之后,
又偶然见面,
我将如何面对你,
只能默默无语。

这次打击,让拜伦性情发生了很大的改变,他会不择手段地对她,因为他实在太爱玛丽了。他的这些变化并没有引起其他人的注意,只有姐姐奥古丝塔发现弟弟拜伦已经从一个温柔热情的青年变成了冷酷无情的模样了。

叛逆少年的成长

拜伦很快迎来了哈伦公学的最后的学年。此时的拜伦已经进入了青春的叛逆期，他会被各种各样充满冲突的想法折磨到脆弱的神经。不过在学校里他已经如鱼得水，没有人再注意他的跛脚，学习和生活都在有条不紊地进行着。

已经当上班长的他威望与日俱增。在英国的公学里，总有几位出类拔萃的学生"统治"着学校。拜伦也终于跻身到这个行列之中，同学们对他非常尊敬，他们简直视他为神明。拜伦深深地陶醉其中。他甚至把自己的名字用力地刻在木头上，摆在学校许多杰出人物名字中间。

拜伦得到这些不是白来的，他是可以为朋友"两肋插刀"的人。他有了一个非常好的，像女孩一样美的男朋友——德拉瓦。拜伦对这个朋友很好，这却引起了其他人的嫉妒，大家甚至为此事起了不少争执。这让拜伦苦恼不已。因为自己为德瓦拉付出了那么多，可是他却觉得那都是拜伦应该做的，他丝毫也没有为此表示过感谢。

虽然拜伦在四年级的生活总的来说是惬意的，但是这种惬意的生活很快被打破了。校长要退休了！德鲁里博士要在复活节时退休，退休前,他对拜伦大体上是满意的。因为此时拜伦的学业进步很快,他已经是全校的第三名。但是拜伦的性格却让校长很担心。

因为拜伦性子太野了,他还缺乏判断力,校长最担心的是自己退休之后拜伦会搞出很多麻烦来。当候选人里有老校长的弟弟马克·德鲁里时,他也就非常拥护马克·德鲁里。拜伦甚至还成为支持马克·德鲁里一派的领导人。

可是大主教选择的校长却是另一位博士——巴特勒。这让学生们非常意外。于是拜伦和好友威尔德曼开始了指挥学生们反抗巴特勒的行动。他们竟然企图炸死这位刚上任的校长。他们外出时总带着装满子弹的手枪,他们想找机会干掉新上任的校长。

他们中的激进分子,还在通往四年级的教室的路上撒满了黑火药,希望当巴特勒校长走来时,点着火把他炸得粉身碎骨。一个叫詹姆士的孩子劝阻了他们,倒不是怕真的闹出人命,而是怕毁坏了学校的建筑而玷污了学校几十年来的威名。

巴特勒作为新校长,想尽办法处理好和这些孩子们的关系,他给他们作演讲,给他们上课,还和他们谈心,甚至请过他们中间领头的学生吃饭。但是这些努力丝毫没有起到任何作用。巴特勒校长得到的只是更多学生的嘲笑和挖苦。

学生们在拜伦的领导下,有计划、有步骤地一步步的把巴特勒校长逼上了难堪的绝境。这些孩子似乎有些是非不分。他们不但拆掉了巴特勒校长家窗户上的铁栅栏,说那些栅栏遮挡了室内的光线,拜伦还写了许多"打油诗"来讽刺这位新校长。

巴特勒把这些事情告诉了退休的老校长,希望能得到这位德高望重的老校长的帮助。为了缓和事态,德鲁里博士决定去对哈伦公学做一次私人访问,他希望能好好劝说一下这些叛逆的学生。

学生们得到了老校长归来访问的消息,个个都欢欣鼓舞。大家早早集合在路口边上等着他。当老校长的马车出现的时候,他们跑上前去,解开了马车的缰绳,让马跑到山顶。

学生们这么做是希望老校长能留下来。这种简单的"计谋"流露出学生们天真可爱的想法。这让老校长非常感动,他终于决定留下来陪这些可爱的孩子们,协助新校长争取化解他和学生们之间的矛盾。

在老校长德鲁里博士的指引下,拜伦终于可以跟新校长巴特勒心平气和地谈心了。通过那次深入细致的谈话,拜伦明白自己的所作所为有多么的可笑。

他觉得自己反对新校长的行动是那样的盲目,只是因为巴特勒校长不是老校长的弟弟这一个站不住脚的理由。他已经意识到自己的错误,于是非常诚恳地向巴特勒校长道歉。

在哈伦公学的最后一个学期,拜伦没有怎么学习文化知识。他几乎把全部精力都投入到校长之争的政治事件里。尽管如此,他还是学习了不少拉丁文,以及少量的希腊文。他成为学校公认的最聪明的学生。他参加了学校的板球比赛,取得了不错的成绩。此外,他还在1805年的演说日,演说了莎士比亚的著名悲剧《李尔王》。他的姐姐奥古丝塔也应邀出席了他的演说。

拜伦的语气里有一种诙谐的东西,正是这样的语气才隐藏着他本身的一种欲望,那种欲望就是要在朋友面前炫耀一下姐姐的美丽和智慧,让他那些同学们羡慕他有这样一位落落大方的姐姐。

他终于能毫无愧疚地说出他的一个家庭成员的好处了,这种感觉让他觉得新奇和愉快。因为他不只有母亲一个人可以夸赞。

在1805年6月26日,他即将离开学校的这天,他一个人坐在刻满刀痕的小凳子上,他在回忆过去。在这所学校里,他经历了从排斥到追捧的过程,他在战斗中成长起来了。他拥有了好多的支持者和朋友，可是他依然是脆弱敏感的拜伦。

对于未来应该怎么样，他彷徨不定，他不知道自己是会在推荐下，以男爵的身份进入剑桥大学学习，还是会在没落的城堡里孤苦一生。

面对即将的离别他有太多的不舍，因为他是这个学校的学生"偶像"，他的身边有一大群的追随者。离开学校，就意味着要与他们分别，这对于拜伦来说是悲伤的事情。

他说："我非常不想离开哈伦公学。最后一学期的时候，我每天都要计算一下留在学校的日子还有多少天，真是越算越难过！"

他一个人来到墓地，似乎只有这里才能让他的内心彻底地平静下来。他走到一个名叫约翰·皮切的墓碑前。他不知道这个人是谁，他也不知道是谁在这里埋葬了他。他总觉得自己也会有这么一天，躺在冰冷的棺材里，被肮脏的泥土埋葬。自己的尸体会腐烂，渐渐变成一堆枯骨。

就算是自己有再大的成就又能怎样，自己和他们一样毫无区别，都会随风而逝。在离开哈伦公学的时候，拜伦就有了这种死一样的感觉。因为等待他的又将是一个陌生的环境，他又要开始新的斗争。

但是，无论怎样，他都要自己的一生光辉灿烂，即使有一天真的被埋葬了，墓碑上只有一行名字的时候，他也希望这名字是一个充满光辉、万人瞩目的名字。

在剑桥的贵族生活

1805年夏天，拜伦在哈伦学校毕业。

10月，他进了剑桥大学。拜伦说："1805年，当我17岁半的时候，我不太高兴进剑桥大学去读书。原因之一是，我舍不得离开在校最后两年才开始喜欢的哈伦中学；原因之二是，我不能进入自己想进的牛津大学。而且，这时候，我也为一些私人的家务事而烦心。我感觉自己就像一只离群的狼，不太愿意和别人有任何交往……更令我伤心的是：我知道自己已经不再是个小男孩，我觉得自己似乎已经变老了！"

入学后，拜伦进入了空间广大的三一学院。在搬进学校东南方一间很宽的房子后，他觉得精神好多了。拜伦一直都喜欢广阔的空间，这也是在这个学校唯一能让他觉得舒服的地方之一。

从这时候起，贫穷已经离开了他。因为他接到做贵族领袖的大法官的通知说，从财产中每年拨给他500英镑。于是他具备了可以用一匹马、用一个仆人的身份了。

可是，这所学校里虽然没有贵族与平民之分，但长时间遗留下来的不成文规定，却特别允许贵族有可以不按时上课和不必参加考试的特权；更过分的是贵族常可以随意破坏学校的规章制度，可以过自由放荡的生活。

拜伦终于可以从母亲的阴影里解放出来。他写信告诉朋友说："从此我可以完全离开母亲独立了。对于长久地蹂躏了我，扰乱了所有爱情的母亲，我决心以后绝对不去看她，也不再继续维持什么亲善关系。"

他在哈伦公学做高年级学生的时候，身边聚拢着许多美少年，隐然控制全校。他虽然跛脚，却是校内第一名游泳健将，又是棒球的选手。但是，做剑桥大学的初年级生，那些简单的东西已经不能满足他的欲望了。于是，他随着那时候的学生风气，开始喝酒赌钱，用那500镑的津贴，过着十分奢侈的生活。

拜伦在哈伦公学虽然交了许多贵族朋友，但是在剑桥的朋友中，却是一个贵族也没有。起初他也想和那些贵族一样整天吃喝玩乐，但却觉得丝毫没有乐趣可言，有时反而觉得浑身不自在。

因为他生性不爱喝酒，又讨厌赌博。所以他很难和那些浪荡公子、纨绔子弟玩到一起。但是他有一颗不服输的心，他最怕比不过人家，为了拔得头筹，他不惜重金，从伦敦买来红葡萄、白葡萄、法国红葡萄、马地拉4种酒，每种48瓶，开始每天练习喝酒直至深夜。为了在赌博中有出色的表现，他又夜以继日地研究打骨牌的方法。终于，他很快学会了打骨牌。

他给韩生先生写信时说：

> 这些人所追求的东西很多，吃、喝、玩、乐、睡觉、打架……但是，永远轮不到读书。我坐下来写这封信给你，可是，我满脑子里都被这些放浪的行为所笼罩……我虽然对它们深恶痛绝，但却依然不能避免……终归而言，毕竟

我在这里还是最稳重的人！我没有招惹任何麻烦，也没有进退两难的痛苦遭遇……

拜伦在剑桥所结交的第一个朋友，就是从前在哈伦一起读书的朗格，他是在拜伦的一些酒肉朋友之中比较志趣相投的同学。他们一起游泳，一起骑马读书。晚上，朗格还会吹横笛和拉大提琴让拜伦欣赏。有时候他们一起骑马到堤坝上，只有这时候，拜伦才可以暂时忘掉每天和那些吵闹的朋友相聚的不愉快。

虽然，有时候拜伦晚上也和那些吵闹的朋友混在一起，但却能自己偷空读书。有一本华特·史考特的诗集，就是在一个有"混蛋王"之称的家伙的屋子里读完的。

这样的生活，一年500英镑津贴是远远不够的。他向家庭律师要求增加津贴，被拒绝后，在12月27日写给奥古丝塔的信中，他要求姐姐替他作保，他要朝私人高利贷借几百英镑。这是拜伦首次和放高利贷的人扯上关系；而且，在以后的三四年中，他一直都靠借贷过活，并且债台高筑到数千英镑。虽然奥古丝塔坚持要替拜伦还债，但他却拒绝了。

这时候，拜伦不仅在金钱上陷入困境，在情感上也似乎陷入低潮，但是他认为即使向人倾诉，别人也不容易了解。

从他1807年写给伊丽莎白·比果小姐的信中，我们看到拜伦自己透露，他在剑桥的三一学院教堂里，看到一个唱诗班的男孩，令他非常欣喜。

最初是他的声音吸引了我，然后是他的容貌，最后，他的态度使我想要永远和他在一起。我爱他甚于一切，时间距离都不能改变我。在剑桥的时候，我们每天在一起，不论春夏秋冬，没有一刻会感到无聊；而且，每次都依依不舍地分开。

他的好友隆在1821年的日记中写着：

他的友情，以及一股激昂却纯洁的爱和热情，当时也曾使我非常感动，也是我一生中最浪漫而快乐的时期！

后来，他住在皮克迪里大街上，找来一个身份低贱的女子做情人。把她扮成男人，当作自己的弟弟带着。又雇了拳击选手杰克逊和剑术家安德鲁，每天练习拳击和剑术。这些剧烈的运动使他很快地瘦了下来。

剑桥的新学期在2月5日开学，但拜伦仍旧留在伦敦。而且，当归还借贷的限期到了以后，奥古丝塔并未按时替他作保。为了这事，拜伦很生气，他连续好几个月都不跟奥古丝塔通信。

最后，因为债主不断逼债，拜伦没办法，只好找房东和房东的女儿替他作保。奥古丝塔知道了，心里非常难过，她觉得拜伦在伦敦靠借钱过日子，也不好好读书，非常令人担忧。拜伦的母亲也因为儿子借高利贷的事情而感到不安。

拜伦向放高利贷者以极不合理的利息借得900英镑，还清了债务，又付了231英镑的学杂费。但是，他还是没有回学校去读书的意思。

他有点幸灾乐祸地写信给他母亲：

我身边虽有些钱可以周转，但是，我觉得还不够我一学期的费用。在英国大学进修，对一个有身份地位的人来说我想你也清楚,不太可能,而且是非常荒谬的想法,也许我不能在法国有什么发展,然而,柏林、维也纳或圣彼得堡还有我容身的机会!

他的母亲接到信后,几乎要晕倒了!她看出这个小孩完全学着他爸爸的样子,四处借债,挥霍无度地过日子。这样下去,他虽然还未成年,那也离自我毁灭不远了。

在绝望中,拜伦的母亲写信给韩生先生说:"这小孩将会是我的致命伤,他快要把我逼疯了!我绝对不会同意让他去外国,再说,他去哪里筹这笔钱?他不是已经被高利贷控制住了吗?啊!这孩子,真是没有感情,没有良心!"

到3月10日左右,拜伦借来的钱又花光了,他不得不写信向韩生先生求援,请他帮忙为他凑足500英镑以便还债。他对伦敦也有点厌倦了,于是,在4月中旬,他又回到剑桥大学去了。不过他乱花钱的习惯还是跟以前没有两样,不但慷慨捐款给学校,甚至又买了一部豪华的马车。

拜伦是否到学校上过课,大家都不太清楚。因为在和别人的通信中,他一次也没有提起过在剑桥读书的事情,以至于尽管第一学期他付了20英镑17先令的书钱,在读书之余,他把大部分的时间都花在写诗上了。

发表处女作诗集

虽然拜伦在学期快结束的时候才回学校,但回去以后,也没有待多久,因为他的口袋又空了。暑假来临了,在迫不得已的情况下,他回到母亲的身边。

这次回家,他又和母亲大吵了一架。这是一次不幸的见面。脾气更加古怪的母亲,为一点点小事情也要对着拜伦发怒。

有一天,她不管皮戈特家的孩子们都在座,突然生起气来,她咆哮着吼道:"你这个魔鬼变成的小'跛子',看你那猥琐的身体里就隐藏着罪恶的灵魂。你又把家里弄得乱七八糟的,真是混账!"

说着,随手便拿起火钳子向拜伦扔过去,拜伦急忙躲开了。他好不容易从家里逃出来,因为再在家里待下去,不知道母亲还会用什么样恐怖的手段对付他。他暂时先到皮戈特家里避难,不久就回伦敦去了。他发誓一生也不再去看母亲。因为他觉得这个所谓的母亲就是个变态的魔鬼!

听见这话,他的母亲怎么也不敢相信那是真的,她随后立即赶到伦敦来探望拜伦。可是这回拜伦是态度坚决,不再理会她。拜伦的母亲只好伤心地回家了。

拜伦在这次和母亲的斗争中取得了最后的胜利，他很高兴地和约翰·皮戈特待在一起。约翰是伊丽莎白的兄弟，在医学院求学。拜伦像一位大哥哥那样处处保护着约翰·皮戈特。

拜伦很沉醉于保护和照顾比他弱小的漂亮男生。此时拜伦也变得非常英俊帅气，他再也不是小时候那个胖胖的臃肿的样子了。他很严格地控制自己的饮食。他不吃肉，一天只吃一顿饭，饿的时候只吃一点点苏打饼干。在这样刻苦的坚持下，拜伦秀气的脸庞充满了男性的魅力。

可是由于他从小就受母亲和乳母的双重虐待，他对女人很仇视。他告诉约翰·皮戈特："不要相信女人。想要征服女人，首先要蔑视她们。"

拜伦带着崇拜他的约翰·皮戈特去旅行了。他们去了南方萨塞克斯海岸游玩。一路上他们遣散了仆人和车夫。

旅行过后，他从放债人手中借来的钱完全用光，走不动了。到头来只得回到自己说过再不要看见的母亲那里。他的母亲看见儿子回来了，心里很高兴，她再也不敢轻易说什么话来招惹儿子生气了。

其实她不知道，拜伦此时是弹尽粮绝，身无分文，他根本没有地方住，只好把母亲家当作自己的避风港。

在家里住了7个月，拜伦已经习惯了这里的生活。他开始调整生活状态，让生活变得有规律起来。有一天，伊丽莎白给她读诗，他觉得那首诗不错，于是对她说："我也写过几首，我更喜欢苏格兰诗人彭斯的诗。"他用类似彭斯的手法写下了几句：

安思来的山岭啊，贫瘠而荒凉，
我无忧无虑的童年在这儿迷失了方向……

这两句诗让伊丽莎白着迷,她觉得如果拜伦不写诗那简直太遗憾了。她已经有点崇拜拜伦了。对于拜伦来说,伊丽莎白是个完美无瑕的朋友,她温柔忠贞,是男人们心目中最完美的女人。可是拜伦只把她当作好朋友。

拜伦在伊丽莎白的鼓励下,开始认真写诗。他握着笔一直写到深夜,第二天把写好的诗拿给伊丽莎白看。这是他那时候每天必修的功课。伊丽莎白每天都耐心地批评或者鼓励他。她就像一位良师益友一样出现在拜伦的生活里,让拜伦仇视女性的态度略微有所改变。

他在这位姑娘面前从没有感到不快。但是多情的他,对这位姑娘却没有产生爱情。这是在男女间从开天辟地以来的不解之谜。这么淑贞高尚的女性很少吸引男性,正像亲切温良的男性反而不吸引女性一样难以让人理解。

在这位可爱的令人敬仰的女性朋友的鼓励下,他很用功作诗。有时候,拜伦还会和这里的一位牧师朋友探讨命运和宇宙之类深奥的话题。他每天在自己的城堡里骑马、游泳,或者和美女跳舞嬉戏。这让他的日子过得很有滋味,他也因此得到了很多写诗的灵感。

很快,他自己写的诗就出版了一册《偶成集》。可是他的那位做牧师的朋友说,其中题为《赠玛丽》的一篇,有伤作者的名誉,劝他不要发表。

他只好把印刷好了的诗集全部销毁,再把其他的诗题作《偶然的歌》出版了。那时候是1807年1月。在那作品里出现的人们,被他家乡诺丁汉郡索思维尔市市民认为是影射攻击自己,他们便嚣张地发怒了。拜伦不能忍耐乡野小城居民的可厌,便决心再回伦敦。

可是由于对这本诗集还有再加整理的必要,他耐心地在那里又停留了几个月,把一切准备好以后才回伦敦。这次改题为《闲散时光》出版了。这是他的处女作诗集。诗集的署名是：乔治·戈登·小拜伦。这一年他刚刚19岁，正是青春年少的时候，他的狂妄、自卑都写在这本诗集里。

和别的初次著书出版的人们所经历的一样，拜伦也抱着不安、希望和满足的复杂的感情，耐心地等待着诗集发行的结果。他希望这本《闲散时光》能让他在诗坛上崭露头角。

结果比他所预期的更为顺利，这位无名诗人的处女作诗集被读者接受了。一家书店当天卖出几本，印刷所两星期内卖出50本。又一家书店卖出7本。

"7本！真的太好了，有人买我的诗集了。我真是太高兴了。"拜伦欢喜地说。

拜伦的母亲也买了拜伦的诗集。她终于不再呵斥儿子的无所作为了；她对儿子的诗集赞不绝口。她终于能告诉周围的达官贵人们："你们看了《闲散时光》了吗？那本诗集真的棒极了！知道吗？作者是我的儿子乔治·戈登·小拜伦，我是他的母亲！"

每当她说这些话的时候，她的脸上都闪耀着熠熠的光辉，那是一位母亲真心实意为儿子感到骄傲！

一些评论家们也注意到了《闲散时光》，他们开始在一期《评论周刊》上把拜伦的诗集捧上了天。这让拜伦为自己的处女作感到非常骄傲。又过了些日子，评论家们又在《评论周刊》上把拜伦的诗集批得体无完肤。这让拜伦困惑不已。

出版商告诉他说，这都是计划和安排好的，他们的评论会对你的诗集的发行有利。因为这样的辩论持续下去，你和你的诗集才不会被人遗忘。这是一个营销的方式而已，不用放在心上。

1807年6月27日，拜伦兴致勃勃地带着新出版的诗集，回到了剑桥大学。他每年的零用钱已稍稍增加，再加上母亲为他借贷来的钱，使得他有能力支付学校的费用。

然而，他才回到剑桥，就又打算退学，若不是他待在那里一个星期和一些新朋旧友闲谈甚欢的话，他也许不会在剑桥再待上一年了。

拜伦新认识了两位朋友，这两位朋友和拜伦一样也很会捣蛋，同时他们也和拜伦一样有异于常人的能力和兴趣。

约翰·霍布豪斯，是布里斯托的一位国会议员班杰明·霍布豪斯的儿子，他在1806年进入剑桥三一学院。他广阅史书和政治刊物，并且有维新党人的思想，他充满了政治野心和对文学的热爱。这个人对拜伦的影响很深，也是使拜伦能成为一代民族解放斗争的英雄人物的关键。

查理斯·马修斯和拜伦的认识倒是有点特别。拜伦回南井度假时，他曾住在拜伦的房间，有一个人跟他开玩笑说："拜伦很在乎别人乱动他的东西，所以你对他的物品要格外小心，以免触犯他的情绪。"

结果他真的就小心翼翼地使用拜伦的东西，连别人进出，他都要人家轻轻地开关房门。

拜伦觉得马修斯这个样子很可爱，至少说明他是一个能尊重他人、有礼貌的人。和霍布豪斯比较起来，马修斯可能较为偏激，他和拜伦讨论一件两人都感兴趣的问题时，常让霍布豪斯暗地里捏一把冷汗。拜伦和他在一起时，常会情绪高昂地出点子、想些恶作剧来捉弄人。

1807年7月，拜伦以诗人的姿态回到伦敦，他在南井的知名度也越来越高。他在伦敦的发行人考斯贝，在他自己出版的《每月文学漫游》7月号刊物中，决定撰文捧一捧拜伦的《闲散时光》这本诗集。而在同一刊物，还会刊出拜伦读华兹华斯诗集后的感想。拜伦的虚荣心因此得到更大的满足，他向人表示："我在书商那里看到自己的名字，但是我并没有出示我的身份，只是暗暗享受这份光荣！"

拜伦闲暇的时候，除了写诗之外，就是满脑子的奇思怪想。他旅行到苏格兰高地后，雇一艘船航行到布里岛，最后再去冰岛游玩。

当他在秋天回到剑桥大学时，竟然还带回来一只熊。他把熊养在他住的阁楼上，还每天带着它去散步。他用铁链拴着熊，让别人看起来既觉得新奇又觉得恐怖。

拜伦就是这样特立独行的人。和现在的叛逆青年一样，他不喜欢被束缚，他喜欢自由自在。他养着另类的宠物——熊，似乎表示他很厉害、很强大。而实际上拜伦这样的行为是对自己的外表不自信的表现。他一直对自己的跛足耿耿于怀。只有牵着熊在人们身边走过，听到人们惊讶的赞叹，他才能从中找回自信。

拜伦骨子里并不是纨绔子弟，他喜欢写诗，只有写作能让他发泄内心的情绪。因为他是从小被压抑的孩子，在他受到欺负和责骂的时候，他都是努力隐忍着，这样比爆发出来更伤人。所以他很小的时候，就选择了用笔来发泄不满的情绪。

拜伦依然是年轻的拜伦，他不想真的看起来那么另类。所以他要伪装，他需要看起来和普通的贵族纨绔子弟没什么两样，那才会让他自己心里觉得踏实。

于是他极力要让别人有一种错觉——觉得他和其他的贵族一样，在剑桥上学就只是"专修"吃、喝、嫖、赌。但事实上，我们从他写给伊丽莎白小姐的信中可以看出，自从他的诗集印刷出版后，他的作品产量大大增加了。

在短短的8个星期里，他已写了一本200多页的小说，几首约400行以上的诗，还有一些讽刺的小品文。不论在当时还是现在，这样的写作速度都是非常快的。

拜伦本质上是个勤劳的诗人,他放荡不羁的外表给人们带来的都是假象。尽管他初期的作品尚不成熟,但是长时间的写作,还是让他的文笔得到了一定的历练。这也为他将来写下不朽的诗篇打下了坚实的基础。

他还是一名学生,尽管贵族的身份可以让他享有很多特权,比如不用考试、不用交作业,但是他还是希望人和人之间是平等的,他觉得自己应该为此起到表率的作用。

于是,他决定在11月30日开始整理他"15岁以来的作业"。这是比较大的工程,因为写诗、写小说,他耽误了很多的学习时间,他还是要把那些落下的功课补回来。不过,拜伦一旦认真去对待一件事,就会变得非常仔细、非常认真。他在学业上依然能保持不错的状态。

他在朋友的影响下,开始喜欢讽刺作品。在剑桥另一个新学期开始时,马修斯介绍他认识了国王学院的戴维斯和其他几个有点小聪明的同学。

在这里,拜伦对霍布豪斯的友谊及景仰之情日益加深。他们两个人在一起,不仅是因为同在一个党派里,更重要的是因为有同样的文学兴趣——他们都喜欢写讽刺作品。

那时,他们两人正巧各自完成了一部讽刺作品。拜伦的作品是对他所认为的当代"英国诗人"作了一次评述;而霍布豪斯则仿效别人的作品对政治和社会的腐败作了一番批评。

拜伦的另一个文艺界的友人名叫法兰西斯·霍积生,他和拜伦都喜欢德来敦和派普的作品。更重要的是霍积生的爸爸与威廉·寄福即当时最著名的文学批评杂志《文学季刊》的主编是好朋友。

霍积生与拜伦的友谊发展有点特别,拜伦曾模仿霍积生的讽刺小品以示敬仰，而生活严谨的霍积生曾有意把拜伦改变成一个正派的人物，结果却和拜伦早期的朋友一样，终生对放荡不羁的拜伦忠心耿耿。

还有一个朋友叫戴维斯，他是个诙谐、口吃、冷静的人，富有警句和机智，又是游泳和赌博的能手。拜伦未来出国游历的差旅费，还是这个朋友提供的赌资赞助。

在剑桥的新生活没有多久又结束了。

拜伦在剑桥停留的时间里，所拥有的像霍布豪斯这些人的友谊，算是他在剑桥8年进进出出，所能带走的最宝贵、最永恒的东西了。

处女作被批判

拜伦的作品有着截然不同的两个方面：一方面是情意绵绵的浪漫抒情诗，比如《恰尔德·哈罗德游记》、诗剧《曼弗瑞德》；另一方面是辛辣刺骨、冰冷地揭发人生的虚伪、充满欺骗的讽刺诗，《唐璜》便是最有代表性的。

他的处女作《闲散时光》只是有这两方面特点的雏形，尚未形成明显的风格。由于他过分缺乏自信，在私人付印时将一些精华部分删除掉，而所剩下的不过是些细腻、伤感的作品而已，另外他又加上一些翻译的希腊诗作品及一些仿作。

当他发表了处女作《闲散时光》之后，引来文学界一片批评之声。那是发表在当时英国文坛权威杂志《爱丁堡评论》上面的匿名批评。

《爱丁堡评论》是苏格兰辉格党人的喉舌工具，上面刊载的文章也都是类似檄文性质的政治工具。很早就有人说《爱丁堡评论》正在准备一篇措辞激烈的文章攻击拜伦，拜伦忐忑不安了很长时间，终于才看到。

《爱丁堡评论》上是这样说的：

这位年轻男爵的诗才,是艺术之神和凡人都无法给以承认的。我的见闻少,从来不知道有这么缺乏神性和人性的坏诗……可是作者对这本坏诗的辩解,便是说自己尚未成年。

然而不幸,我们却记得考莱 10 岁的诗和蒲柏 12 岁的诗。尽管这些苦恼的诗是一个青年学生在学校里写的,但是我们相信,这样的诗,在英国受过教育的青年中,10 个人有 9 个都写得出来,而那第 10 个则会比拜伦爵士写得更好。

接着,这位匿名评论家又用一连串的恶言恶语把他嘲骂了一番。评论家说:

这样的诗,简直就是无病呻吟的嚎叫,这样的诗根本不能叫作诗。拜伦只不过是凭借自己的爵位才能出版这样的诗集。人们之所以买这本诗集,也就是因为对爵位的崇拜。这些诗对于读者来说毫无意义。

拜伦就是沾染了贵族风气的冒失鬼,他这种诗对于读者来说就是"毒药"。这样的水平竟然也敢出诗集,我非常佩服他的勇气。

要是我出版了这么"垃圾"的诗集,我早就一头撞死了。这也就是因为他有钱,所以才敢这么浪费纸张和油墨。

诗不是只要押韵就可以了,拜伦先生似乎根本不懂这一点。拜伦写的诗,简直一无是处、不知所云,他竟然对此还颇为得意。人竟然能无耻到这个地步,真是闻所未闻!

这是一篇恶毒辛辣的文章,读过以后,拜伦彻底愤怒了。他的血液几乎都要燃烧起来。这时候来到他房里的朋友，看见他那可怕的猪肝一样的脸色，差不多想问他是否想要和匿名评论家决斗了。

文学家们的决斗的武器不是刀枪，而是他们手中的那支笔。后来他拿起笔来，想要用写诗的方式来斥责这位匿名批评家。当他写下20行左右的时候，他的心突然就恢复了平静。

他像一位绝顶的武林高手一样思考着，他觉得写下反驳他的诗对于匿名评论家来说毫无杀伤力。他在想一招致命的"必杀技"。他隐忍着，做着一切战斗的准备。他此时已经下定决心要把那个卑劣的家伙痛切教训一番。

创作和发表比以前更多更好的名篇，叫天下的批评家们失色！那样才是智慧的绝地反击。只有出色的作品问世才会让那个该死的评论家哑口无言，才能让他为自己所说的话后悔。

这次拜伦的怒火，使这位风流贵公子一跃而成了世界的天才诗人。或许让这位批评家也想象不到的，正是因为自己那番恶毒而又刻薄的批评的话，让一位放荡不羁的浪荡公子回头了。

拜伦对于仇恨的隐忍是从小练成的本事。他想好了怎么去报复那位匿名的评论家之后就开始积极地备战。他不仅要完成在剑桥的最后几年的学业，他还要写出更加多姿多彩的诗句！

这就是拜伦难能可贵之处，他能直面批评的声音，尽管他一样愤怒，但是他可以从批评中取得进步。这也是他聪明的地方，因为与其抱怨对方还不如完善自己。打铁需要自身硬，拜伦也是要让自己的文章"硬"起来。

正如拜伦所说："一切痛苦能够毁灭人，然而受苦的人也能把痛苦消灭！"拜伦不会被痛苦毁灭，他要消灭痛苦了，他是要向给他制造痛苦的人宣战。

成为文艺青年

1808年7月,拜伦获得了剑桥大学文学士的学位,他终于从剑桥大学毕业了。这样,他就像其他的大学毕业生一样,踏入了变幻莫测的社会。此时他既兴奋又有点担心。因为他不知道,走出学校大门,他会经历什么样的奇妙而又充满挑战的人生之旅。

拜伦再过半年就要成年了。到那时,在贵族院就会有专属于他的一个议员的议席,他的财产也不再受监护人监管,可以比较自由了。他殷切地盼望着那一天快点到来。

出了学校,他回到纽斯台德城堡。虽然原先约定租给格雷勋爵5年,但是当拜伦前次被邀请去度假的时候,两人因为偶然的事情吵翻了,现在再不愿意相会,所以得先请他搬出去。

等格雷搬走后,拜伦回到纽斯台德,拒绝了想来同住的母亲,轻松地一个人住着。从他伯祖父时代起就荒废了的宅邸,格雷作为租客,当然没有加以整理。

那些废墟一样荒凉的空屋倒是很合拜伦的意。相伴的只有老管家墨瑞。拜伦把城堡里的一间屋子整理出来作为寝室。寝室里没有太多装饰,他只放一张大床,挂一些肖像画和油画做点缀。寝室里的一扇门通向另一间大屋子,那是传说有黑袍僧幽灵出现的地方。

从一个有梯子的门口下来,便进入一座大厅,他用它作书房兼会客室。他又在另外几间房里摆设些床铺、椅子,作为客人住宿的地方。剩下的房子都让它们荒废着。这让拜伦体会到了中世纪城堡主人的快乐!

屋子周围有1000多亩森林、草场和田地。拜伦有时候靠在长椅子上写诗,写累了就从门口走到前庭,靠着伯祖父砍倒的大树根冥想。要是确实厌倦了,他就脱掉衣服,跳到庭前的水池子里,在清洌的水中像小鱼一样游泳。

在空闲的时间,他曾经去探望了初恋情人。晚餐的时候,他坐在玛丽·安的身边。再次见到玛丽·安,他依然激动得一句话也说不出来。

他后来提到这段经历时说:"我坐在一位妇人身边。我少年时期曾经极其强烈地爱慕她。少年们的感情通常都是这样,而成年人的感情就不会如此强烈了。赴宴之前,我就料到了这一切,但是我下定决心,要鼓起勇气,说话要沉着镇静。然而,事实上我已经忘记了自己的勇气,也忘记了自己应表现出的冷漠。在笑的时候,我竟然不敢张嘴,更不要说开口说话了。

"这位夫人几乎和我一样蠢。这样一来,我们两人成了大家注意的目标了。要是我们俩都从容镇定,漫不经心,是不会引起大家注意的。你会把这一切全看成是胡诌。我们多蠢啊!我们像小孩子似的,吵着要一件玩具,等这件玩具到手后,不把它砸开不肯罢休。当然,孩子们还可以把它抛进火里烧成灰烬,而我们呢,却不能把它置之不理。"

玛丽·安也只暗暗看了一下拜伦,已经惊讶得说不出话来。因为此时的拜伦已经变成了一位美丽的青年。拜伦怀揣着石头一样沉重的心情回到家中。他写了一首短诗，怀念初恋的情人，靠它来医治悲痛的情绪。

哎，你幸福了，我想，
我自己也因此感到幸福；
因为我的心仍像过去那样，
热切地惦挂着你的幸福。

你的丈夫真有福气，
幸运得让我心头酸楚。
但让这一切都过去吧！
他不爱你我才愤怒。
看到你心爱的孩子，
嫉妒几乎撕碎了我的心。
但天真的婴儿微笑时，
为了他母亲，我给他一吻。

吻他时我抑制住叹息，
他脸上可以看到他父亲的印记。
但他有酷似母亲的眼睛，
也是那样令我欣喜。

玛丽再见，我要离去。
你生活美满我毫无怨意，
但我不能生活在你身边，
否则我的心将会依然属于你。

我相信时间和自尊心，
最终会泯灭童年的情恋，
但我希望埋藏在心底，
但愿再次坐到你身边。

你虽然镇静但心里明白，
你的目光可震撼我身心。
但颤抖现在不是罪过，
我们相逢没有惊动任何人。

你紧紧盯住我的脸，
却未能发现任何秘密。
你所觉察的唯一迹象，
是我因为绝望而平静得出奇。

别了，我的梦，
往事何必耿耿于怀。
神话中的"忘川"究竟在何方？
固执的心会破碎还是平静？

用"文艺青年"形容拜伦一点也不为过，他是充满爱心却又多愁善感的人。

他有一只心爱的忠实的狗，名叫波兹温。这只狗不幸感染了狂犬病，他自始至终陪伴在波兹温身边照顾它。这的确也是只听话的好狗，虽然它得了狂犬病，可是它只咬自己，没有咬别人。

在这条可爱的小生命离开时，拜伦特意亲自给这只狗写了墓志铭：

>如此地靠近——
>
>埋葬着他的遗骨。
>
>他美丽而不虚荣，
>
>强健而不傲慢，
>
>勇敢而不残忍。
>
>他具有人类全部的德行，没有染上人类的邪恶。
>
>如果这墓志铭是献给人类的尸骨，
>
>那么，这些赞语就会成为毫无意义的奉承，
>
>然而，用这些颂词来纪念波兹温——
>
>一只狗，却是恰如其分，
>
>他生于1803年5月，纽芬兰，
>
>死于1808年11月18日，纽斯台德修道院。

1809年1月22日。在纽斯台德家中，拜伦召集从前全部的仆人，在庭前烤了一头牛来犒赏他们，晚上他还召开舞会宴请周围村庄的人。

那天，拜伦在伦敦，为了庆祝自己成年的生日，打破平生吃素的惯例，吃了一个蛋和一点咸肉，喝了一瓶啤酒。

3月13日他到上议院，行宣誓礼后占有了议席。这时候，照惯例应该由亲近的贵族同道，将他介绍给别的议员。这是属于贵族家族的荣耀和使命。可是他的表兄卡莱尔勋爵竟没有来。

孤独的拜伦只好由朋友达拉斯陪同，到了议院形单影只地宣了誓。那一天出席的议员也实在少得可怜。在议长面前宣誓完了的时候，议长艾尔登从议长席走下来，张开双手迎接拜伦。但是拜伦只

冷淡地用指头轻轻地碰一下他而没有跟他握手。艾尔登伯爵非常不高兴地回到座位，他觉得眼前这个年轻人傲慢而且不可一世的样子很讨厌。

拜伦漠不关心地坐到空着的反对党席位上，没过一会儿就急急忙忙地走了。这就是他议院生活的第一天。从会场出来，他走到在另一间屋子里等着他的达拉斯面前说：

"要是我认真握了他的手，他会把我拉进政党里去的。讨厌！我什么政党也不参加。"

"好！议席的事情是办完了，此后要到外国去。"达拉斯说。

两个星期后，《英格兰诗人与苏格兰评论家》发表。这篇极具讽刺效果的讽刺诗获得了极大的成功。每一行诗之间都泾渭分明，语言犀利。这本诗集虽然没有署名，但是熟悉文学，特别是熟悉诗坛的文人墨客们都能一下子看出来，这本书的作者是拜伦。

他们那群人中，有的对这本诗集赞赏有加，有的对这本诗集破口大骂。在这首诗里，拜伦不仅猛烈反击了《爱丁堡评论》对他的讥嘲，还尖锐批判了当时称霸英国诗坛的湖畔派浪漫诗人，并大胆揭露了支持各种反动势力的英国统治当局。拜伦以这首讽刺诗而在英国诗坛初露锋芒，获得声誉。

唱吟"骷髅诗"

向着东方出发,这是拜伦一直以来的梦想。他对肮脏的政治不感兴趣。他需要出发,去东方旅游。目前摆在拜伦面前的是一个非常难以解决的问题,那就是钱。如果要旅游,没有钱是万万不行的。可是他现在已经债台高筑了。

以拜伦的花钱方式,他想要达到目的地最少也要花4000英镑。但是目前他已经有不得不偿还的12000英镑的外债了,还要再弄4000英镑到手,这几乎是无法完成的任务。

除非他卖掉所有的房屋,或者是和一个家境富裕的女人结婚。后一个办法是拜伦的母亲所希望,而拜伦却对此不屑一顾。他不想自己和父亲一样,为了钱娶一个自己不喜欢的女人,再造就一个"恶魔"一样的母亲。那是他不愿意看到的事情。拜伦更倾向于卖房子的方法,但是拜伦的母亲却极力反对。

拜伦的母亲说:"除非煤矿能变成金矿,要不然,你就应该用过去人们常用的方法来挽救财产,那就是娶一位有二三十万英镑身家的女人。今年春天,你必须要这样做,娶位阔女人,什么恋爱婚姻都是胡扯……"

拜伦说:"如果我娶了个金娃娃,或者如果我一枪打穿自己的脑袋,那一切都了结了。这两种挽救的方法其实都差不多,用哪种方法都无关紧要。"拜伦又一次和母亲谈崩了。这次母亲也管不了他那么多了。

他原来刚住进纽斯台德的时候就下决心坚决不卖它,现在他想卖掉另一处继承来的房产——罗岱尔,于是他叫律师韩生去办理。但是韩生办事迟缓是有名的。或许韩生也是担心卖掉罗岱尔会引发拜伦和母亲激战。所以他一边答应着,一边拖着不办。拜伦催促很多次,依然没有动静。拜伦想,或许旅游的梦想会就此破灭了。

正在他一筹莫展的时候,救星出现了。他剑桥时代的好友戴维斯突然送了钱来,借给他所需要的数目——那是戴维斯赌赢的钱。

戴维斯在大学毕业后到伦敦去,和以前一样,经常出没于各个赌场之间。他有时候赢,有时候也会输。这一次他运气好,赌钱赌得直至深夜才回到住处,他把几千英镑纸币塞进床下的尿壶里,倒头便睡着了。

1809年5月,出国前一月,拜伦把朋友们请到纽斯台德来,大摆告别宴会。宴会持续了好几天。前来赴宴的是轻松愉快的马修斯、常识家霍布豪斯和其他两个人。

他们在门口左右拴着狗和一只熊。进得门来,大厅里面,5个人在练习手枪射击。如果没有事先得到主人允许擅自进入大门的话,是非常危险的,因为即使你能躲过狗或者熊的袭击,还会面临5个年轻人手枪射击。

每天快中午时,他们才起床。吃过早餐,他们进行下列游戏:手枪射击、剑术、划船、游泳、骑马,和熊玩耍以及读书。

晚间19时的时候他们开始吃晚餐。吃完饭,他们轮流用"骷髅酒杯"喝酒。这个"骷髅酒杯"不是假的,那是他的工人在花园耕地时挖出来的，可能是从前僧侣的头盖骨。僧侣的尸骨已经被园丁用铲子敲得粉碎，只有这个头盖骨保留了下来。

拜伦高兴地把它送到邻近的珠宝店去，把它打磨光滑，然后又配了个底座，当作酒杯。这是喜欢贴近死亡的另类的爱好，一般人也无法理解。他喜欢和骷髅一起畅饮美酒。甚至他还为这个骷髅酒杯作了一首短诗《骷髅酒杯吟》，他用这个骷髅的口吻唱道：

> 我活过，爱过，痛饮过，和你一样；
> 到头来是死了，把骸骨交给土壤；
> 把我斟满吧——这对我毫无损伤：
> 地下蠕虫的嘴唇比你的更肮脏。
> 盛装这闪闪发光的葡萄酒浆，
> 可比喂养一窝黏糊糊的蚯蚓要强；
> 以酒杯的形状，盛装这神仙的饮料，
> 也比盛装地下爬虫的食物更为舒畅。

酒过三巡，他们这些另类的人都披上中世纪僧侣的黑袍，开始举行神秘的宗教仪式。拜伦被他们称为"骷髅方丈"，拿起十字权杖主持一切。

一切仪式过后，他们会让从近邻招来的年轻美丽的姑娘跟他们一起尽情欢乐。表面上的拜伦放荡不羁，他和他的伯祖父一样被人称作"残酷老爷"。可是在他近乎冷酷的伪装之下，暴露的是他的脆弱而敏感的诗人的心。他还是深深地思念着玛丽·安。或许离开她，对于他来说是最好的选择。

在玛丽·安问他为什么要出国旅行的时候，他写下几行诗：

> 一切都结束了——三角帆船舒展
> 她雪白的帆，在海风中抖颤，
> 阵阵清爽的风吹过水波渺茫，
> 高高地在张帆的桅杆上面作响，
> 而我，我必须从这块土地上动身，
> 因为我只能爱，只能爱一个人。

　　没有人知道拜伦这首诗所表达的情感是不是真实的，他的出走是因为不能忍受与她咫尺天涯的痛苦吗？有人看到他在和朋友们一起吃饭时放声大笑的狂放，似乎已经忘记了曾经的爱人玛丽·安给他带来的伤痛。

　　但是不能否认的是，他确实经历了一场刻骨铭心的难忘的初恋。这些充满悲伤的回忆一直深深地印在拜伦的脑海里。在这样悲情的影响下，拜伦开始编织出很多美好的梦想。这些不愉快的经历，就成为编织这些梦想的原动力。

第一次出国旅行

1809年6月26日,拜伦和朋友霍布豪斯一起登上了去里斯本的旅途。这一次,拜伦又带了一大群随从。霍布豪斯只是带了些笔墨和书籍。拜伦是要记录这一路的见闻。

拜伦在船上又写下了这样的诗句:

行行去故国,
濑远苍波来。
鸣湍激夕风,
沙鸥声凄其。
落日照远海,
游子行随之。
须臾与尔别,
故国从此辞!
日出几刹那,
明日瞬息间。
海天一清啸,

旧乡长弃捐。
吾家已荒凉，
炉灶无余烟，
墙壁生蒿藜，
犬吠空门边。

这首诗后来被收录在《恰尔德·哈罗德游记》里。这也是这次旅行给拜伦带来的一次不小的收获。拜伦随后还给母亲写了一封告别信：

我一切称心如意。我将离开英国而无后悔之意。除了希望再来看看你和你目前的住宅外，我毫无重游英国任何地方的愿望。
请相信我吧，你的忠诚的……

这是一次充满考验的旅程，霍布豪斯是激进分子俱乐部的主席，他对牧师的暴政支配一切的政治制度非常不满。拜伦比霍布豪斯更积极地反对他们。他更想大声疾呼，他在去塞维利亚的公路上看到到处都是十字架，这里的每一座十字架都代表着一宗命案。他看到了被押解到塞维利亚的囚徒，他们是要被绞死的。

拜伦这一路看到那些人的生生死死，让他觉得心都跟着颤抖，他无法接受这样残忍的屠杀。这给他心灵的折磨，使他难以忘记。此时，欧洲大陆正战火连绵不断。法国皇帝拿破仑正控制整个欧洲，发布了大陆封锁令，禁止和英国通商。

不过，好在4年前，在特拉法尔加角的海战中，纳尔逊消灭了法国舰队，法国将海权全部归还英国，英国人旅行海上都自由自在不受拘束。而且，威灵顿带兵登上伊比利亚半岛，把在葡萄牙、西班牙的法军统统打败了。

拜伦所想去的里斯本，英国人完全可以自由登陆，他想从陆路旅行的西班牙南半部也是安全的。他真的很感谢威灵顿公爵，要不是他，自己的旅行很难想象会怎么进行下去。

在这个充满了危险和刺激的旅途之中，多愁善感的青年诗人拜伦，旅行到地中海各地，他想要漫游遥远的土耳其和小亚细亚。此时此刻，他心中的欢快和豪情壮志让人难以想象。一种英雄时代的亢奋，刺激着拜伦的浪漫性的一面。

他对异国的风土人情十分欣赏，他在写给霍积生的信提过：

我很喜欢这里，因为我爱吃此地的橘子，还可以讲不合文法的拉丁话，而且——我还参加他们的社交活动。

我骑的不是驴子就是骡子，用葡萄牙语发誓，而且被蚊子咬了好几个疙瘩！

两周左右过后，他们很快又对葡萄牙厌倦了。于是，他们决定骑马到西班牙的雪维和加第士去。等仆人和行李都用船运往直布罗陀后，他们才上路。他们听说西班牙境内有战争在进行，更觉得这次旅行非常刺激。

抵达雪维革命军的总部所在地后，他们竟然找不到一处住的地方，无奈之下只好和两个还没有结婚的女人挤在一张小床上过夜。霍布豪斯不停地抱怨，可是拜伦却觉得很有趣。他在写给母亲的信中说：

这两个女人当中一个年纪比较大的，在分手时，紧紧地抱着我,并且剪下我和她的头发。我把她的头发寄给你,请你替我保管到我回来为止。她还说愿意分给我一个房间居住,但是我的原则使我婉拒了她。

在西班牙的经历让他在后来写《唐璜》的时候,把唐璜构思成为西班牙的贵族。因为西班牙的热血男儿让拜伦倾倒不已,把唐璜写成西班牙贵族更能衬托出他的与众不同。

在西班牙,他被壮丽雄伟的斗牛场所吸引。一场斗牛由3个斗牛士出场,他们要斗6头公牛,每人两个回合。所有的斗牛表演都安排在下午举行。另外,斗牛时必须阳光普照,鉴于西班牙多数地方的温带大陆性气候,部分地区是地中海式气候条件,所以只能在每年的3月至11月之间进行。

这几位斗牛士各有一套助手班子,包括3个花镖手和两个骑马的长矛手。观众对每场决战都很难预料其结果,因为它取决于诸多因素,如斗牛士的胆略和技巧,也取决于出场的公牛。一些由著名牧场培养的凶猛公牛直接威胁着斗牛士的胜利,甚至生命。

其实对于斗牛而言,牛和斗牛士同样重要,因为它的受训练程度和凶猛性关系到斗牛士的吉凶。在历史上再出名的斗牛士都不免战死沙场,最后被牛挑死的命运。充满仁爱之心的拜伦对这种残忍的斗牛表演产生反感,特别是看到牛被刺死前那种挣扎跳跃的情形。

他在信中对霍积生说:

加第士这个城市,我相信是全欧洲最美最干净的了!比较起来,伦敦真脏。在离开加第士时,还和一位西班牙海军上将的女儿有过一面之缘。

他写了一首《加第士的女孩》的诗,来纪念这件事。

> 英国少女难追得,
> 追到才知太呆板,
> 纵有花容与月貌,
> 嘴儿不甜太没趣。
> 唯有西班牙小妞,
> 既是多情又漂亮。

然而,拜伦又私下向人表示:"西班牙的少女真是迷人,不过她们只想一件事……"

他们没有在西班牙停留太久就去了直布罗陀海峡,因为他们的仆人已经托运好行李等着他们一起从那里去马耳他。在船上霍布豪斯深得旅客们的欢心,晚饭过后,他一边喝酒一边给游客们讲一些奇闻趣事。

拜伦和他相比,交际能力就差了很多。他因为自己的跛脚还是很自卑。他害怕人们看他时,眼睛里不经意流露出的鄙夷或者同情的神色。他每次吃饭总是吃得很少,他总是第一个离开餐桌。他宁愿一个人和星光月光作伴,也不愿意接受别人的怜悯。

他在船的甲板上看着船在乘风破浪前进,似乎觉得每一个浪花翻过,他就离开耻辱更远一点儿。虽然他仍在冥思苦想这些年来他所经历的挫折,但他并没有因为那些挫折而郁郁寡欢,相反,他似乎是像一个局外人那样审视着、思考着。这些就是诗人内心深处灵感迸发出的火焰。

他们去了马耳他,在这里拜伦和一位僧侣学习了阿拉伯语,他还由斯宾塞·史密斯夫人传授了"柏拉图式"的爱情。然后他们去了阿尔巴尼亚这个荒凉的国家。在阿尔巴尼亚，拜伦喜欢上了这里的武士，因为他觉得他们既忠诚又朴实。从这里，他获得了灵感，开始创作他的《恰尔德·布伦》。在写完第一章之后，他将名字改成了《恰尔德·哈罗德游记》。

当时的阿尔巴尼亚几乎是一个不被外人知晓的国家。那里的男人穿着齐膝的裙子，和苏格兰人差不多。在这里拜伦受到了当地豪绅的邀请，他们到那里参加宴会。

宴会上他们看到了穿着紧身绣花衣服的阿尔巴尼亚人，还看到了头戴高帽的鞑靼人。那些当地的贵族手下还有不少黑奴和马匹，他们似乎尚未文明开化，他们甚至敢肆无忌惮地烤人肉吃。

这些离奇的经历让拜伦大开眼界，也为他创作《恰尔德·哈罗德游记》提供了不少素材，很多蛮夷的士兵、武士被他塑造成英雄。

他们因为天气原因没有办法直接坐船到希腊，在一番陆路奔波之后，终于在11月20日抵达希腊的麦索隆基。这是个"貌不惊人"的城市，拜伦雇用了一个会说当地语言的希腊人安得力，然后渡过哥林斯海湾，经过了种满橄榄树的山谷到了卡斯屈。虽然当时仍有一些古希腊神庙和剧场尚未被挖掘出来，但是，他们看到了卡士底里安泉，在古希腊体育场的旧址看到了巴拿及亚修道院，还在入口的圆柱上了刻上了自己的姓名。

圣诞节傍晚，拜伦等一行人穿过了橄榄树丛，到了他梦寐以求、渴想一见的雅典。但是，当地并没有旅馆或歇脚的地方，所以他们只好借住在一位希腊驻英领事的遗孀家，人们叫她西亚·麦可莉太太。

当时的雅典有10000名左右的土耳其人，希腊人和阿尔巴尼亚人则混居在有10000多栋的房屋里，这是四面以围墙围住的城市。拜伦到了雅典，第一个愿望是想探访雅典的古迹。向导说，雅典只不过是个大村庄。土耳其的军队盘踞在阿克罗波里斯山丘上,这里是一片被征服的土地。他们受到了土耳其军官的热烈欢迎。在军官的陪同下,他们花了3周左右的时间,把雅典周围的古迹游览一遍。

拜伦22岁生日的那天,终于看到了帕特农神庙的伟大景观:那耸立在悬崖峭壁上的神庙,下面就是蔚蓝的海水以及碧绿的草原。

他下一个目标是要去看公元前490年雅典人击败入侵的波斯人的古战场,那里就是马拉松平原。拜伦也作了诗来纪念。

拜伦对当时的希腊人印象极佳,在麦可莉太太家也常常有舞会交际的机会。麦可莉太太的3个美丽女儿中,拜伦尤其喜爱麦可莉太太的小女儿泰丽撒。他对她的感情,使他能够从史班赛的爱情中稍微获得喘息的机会,他说:"史班赛夫人迷符已解除,不再吸引我了!"

尽管拜伦喜欢希腊的一切,但他没有忘记要去波斯和印度的决定。

正巧有一艘英国船要去那里,拜伦就抓住这机会,和霍布豪斯整装待发。也许他还有点舍不得离开那位可爱的希腊少女吧,所以在离开之前,还写了一首诗:

  在我们分别前,
  把我的心,把我的心交还。
  或者,既然它已经和我脱离,
  留着它吧,把其余的也拿去!
  请听一句我临别前的誓语:
  你是我的生命,我爱你。
  我要凭那无拘无束的鬈发,
  每阵爱琴海的风都追逐着它;

我要凭那墨玉镶边的眼睛，
　　睫毛直吻着你颊上的嫣红；
　　我要凭那野鹿似的眼睛誓语：
　　你是我的生命，我爱你。
　　还有我久欲一尝的红唇，
　　还有那轻盈紧束的腰身；
　　我要凭这些定情的鲜花，
　　它们胜过一切言语的表达；
　　我要说，凭爱情的一串悲喜：
　　你是我的生命，我爱你。
　　雅典的少女啊，我们分了手；
　　想着我吧，当你孤独的时候。
　　虽然我向着伊斯坦堡飞奔，
　　雅典却抓住我的心和灵魂：
　　我能够不爱你吗？不会的，
　　你是我的生命，我爱你。

在《恰尔德·哈罗德游记》一书中，他写着：

　　雅典——除了这个名字具有魅力外，凡是喜欢艺术和自然的人，都会尊崇这个地方。这里的气候，至少对我来说代表着永恒的春天。雨很少，雪也不曾覆盖过平原，偶尔的阴沉天气还很令人满意。

当然，拜伦所谓的"气候"，自然不仅指天气而已，也包括了人民、土地、风俗等。事实上，这也是指当地人的一些生活方式。而且，只有在当地生活过一段时期的人，才能了解他所谓的"气候"是怎样一回事。对于来自寒冷以及浓雾密布的英伦的他来说，晴朗、阳光普照、绿意盎然的希腊，可说是古典的东方风土人情的一种象征。

他曾说过：

> 如果我是一个诗人，希腊的空气就是使我成为诗人的原因……

拜伦和霍布豪斯一行很快到了波斯古老城市士每那，他们暂住在当地英国领事的家中，等待去君士坦丁堡的机会。此时的拜伦似乎对前途感到彷徨，他写信给母亲说："我越走越远，就越来越懒，每天都昏昏沉沉的！"

其实拜伦之所以如此，一方面是因为他终日回想着过去的事；另一方面是因为君士坦丁堡的气候，那里要比英国炎热许多，这让他们并不太适应那里干燥炎热的环境。

事实上他并未像他信中所描述的那么懒散，因为，他一直在写《恰尔德·哈罗德游记》。

1811年5月13日的下午14时，他们从烟雾中看到到处都是伊斯兰教礼拜寺的尖塔和柏树的君士坦丁堡。第二天中午，他们登岸并经过苏丹王的宫墙。他们还在墙外看到两只狗在噬咬一具死尸。然后，他们到英国驻君士坦丁堡大使罗勃·艾迪耳家去。

拜伦对土耳其没有多大好感，他极端厌恶土耳其人的草菅人命和独裁的政治统治；而且，比较起来在希腊时他们还能与当地人来往，可是，在土耳其却没有一点机会。

虽然土耳其的苏丹王也邀请他们去参加王宫的宴会，但拜伦觉得似乎并没有像在阿里·巴夏的王宫那样受到重视。不过，据当时另一位英国人说："苏丹王对这位英俊的英国贵族，似乎有极大的兴趣！"

1811年的春天，由于种种因素，拜伦不得不考虑回英国，他的健康情况也是其中的一个重要理由。

1811年7月14日，是他离开英国两年后的第12天，他再度回到了英国土地。当初他离开英国，曾假设自己成为一个世界公民后的种种情况，而这次的旅行，不但证实了他的想法，并且也帮助他观察到"这个又挤又小的岛屿的英国"的人们的偏见和执着。这是运用他"对其他国人的生活方式和经历的认识"来下断言的。

母亲去世的打击

拜伦回到英国后,不想回纽斯台德去。因为他的母亲住在那儿,他不急于去见她。他要做的第一件事是和好朋友畅谈这两年来的旅途见闻。

他先请知心朋友达拉斯来。两年不见的达拉斯先问他:"旅行中写了些什么?"

"哦,没有写什么,只是把贺拉斯的作诗法意译出来了。"

说着,他把在雅典写的《贺拉斯的启示》拿出来。达拉斯拿回去读过以后,大失所望。他想:"两年旅游的收获就只这么一点吗?"但是,对着敏感的拜伦,他不敢坦率地这么讲,他在犹豫着该怎么问拜伦。

第二天到拜伦的旅舍去的时候,他先对昨天所读的译作大加赞赏,然后假装很随便似的问:"另外没有什么了吗?"

"哦,有三四个短篇。另外还有些不能见人的东西,是歌咏这次旅行的。"拜伦说。

拜伦很害羞似的把《恰尔德·哈罗德游记》递给他,并且说:"我写讽刺诗是顺手的,可是这类浪漫诗却是另一回事。"

这一天，达拉斯带着他的《恰尔德·哈罗德游记》回自己的家去。他打开原稿来读着：

> 从前，在艾尔宾岛上有一位青年，
> 一切正经的事情他都不喜欢；
> 每天只知沉湎于荒唐的酒宴，
> 在欢笑喧闹中打发长夜漫漫。
> 他名叫恰尔德·哈罗德，
> 身世与门第自不必赘言。
> 荣耀四里，嘉誉广传。
> 不管先人何等尊贵，
> 一人纨绔足以丧尽体面……

达拉斯读了这些游记之后，觉得自己的灵魂都被吸引到纸上去了。他早已踏遍"罪恶"的漫长的迷宫，却从来不忏悔自己有罪的行动。达拉斯回想起和拜伦一同度过的剑桥大学的日子来了。一气读完这首长诗的第一章和第二章，达拉斯立刻拿起笔来，把他的感想告诉拜伦：

> 你写下了世间最出色的名篇。我从未接触过这么有兴趣的诗。

可是，当下次见面的时候，拜伦却用轻蔑的口气说："那种东西算不得诗啊！"

他真是这么想的。他对自己的作品没有正确的判断力。幸而他有着像达拉斯那样富有鉴赏力的朋友，才能使《恰尔德·哈罗德游记》这个名篇得见天日。

他逗留在伦敦，不回纽斯台德。母亲在古堡中焦急地等着他。迷信的她，当他出国旅行的时候，便认为自己再也不能见到他了。现在他回到了伦敦，却不肯回家来。

她的预感是准确的。因为她和家具商人讨价还价过程中大发脾气，随后，脑出血突然发作，再也没有醒过来。

消息传到伦敦，拜伦才忽然发现自己心底里还是很爱那个粗野的母亲的。可是他竟然没有见到她最后一面。这让拜伦深深地感到后悔，他后悔没有早点回家探望母亲。虽然母亲是个喜怒无常的女人，但是她却为了自己付出了一切。年少时的轻狂深深地伤害了她，可惜现在想道歉也不可能了。

他赶忙回去，抚着母亲的尸体，放声大哭。第二天的葬礼，他只站在大门口送葬，怎么也不想跟随母亲的灵柩到墓地去。他觉得自己不配去母亲的墓地送葬，因为自己是个不孝的儿子。

拜伦在整理母亲的遗物时，发现母亲收集了许多有关批评他诗集的资料和诗集出版的广告，在这些资料旁边还有母亲所作的评论。从这些资料中可以证明她当时必定为儿子的成就感到非常骄傲。

拜伦这时候才知道他所失去的母亲，是那么伟大的女人，她严苛、冷酷、喜怒无常，但是她确是这个世界上最爱自己的女人。尽管母亲几乎没有表达过自己的爱，但是在那些她收集的拜伦的诗和出版的广告中，拜伦看到了母亲对自己深沉的爱。

拜伦把小厮波普叫来，套上斗拳的手套，两人开始激烈的拳斗。只有凶猛的扑打，才能暂时让他忘却心头的悲伤。因为母亲意外辞世给拜伦确实造成了很严重的打击，只有把悲伤用拳头发泄出来，才能让自己好过一些。

可是屋漏偏逢连夜雨，刚刚从母亲去世的悲伤走出来的拜伦很快又接到了剑桥时代的好友马修斯的死讯。而且马修斯是很惨地被溺死的。

拜伦失去了母亲，又失去了好友。这让他的生活一片暗淡。

1811年8月10日，他写信给霍布豪斯说："我失去了生我到世上来的母亲，又失去了为我祝福的朋友。我并没有死后的希望和恐惧。但是，如果我们的内心有所谓'天国的火花'，那么，马修斯岂不是与神同在了吗？"

又在8月22日写信给霍积生说：

> 因为这两次打击紧紧相连地打在我头上，我现在还有些懵懵然。我虽然照旧吃、喝、说、笑，但是自己很难弄清这是不是做梦。
>
> 日前戴维斯来看我，大家打趣笑谈。不过我们的笑是空虚的。
>
> 请写信来。我很寂寞。

这是他23岁那年夏天的遭遇。

拜伦此时已经成为寂寥孤独的人，他每天都呻吟在人生的重荷之下。23岁的青年，却像70岁的老人一样，每天浑浑噩噩地过日子。生活似乎都失去了希望。

他失去了母亲，失去了好朋友，失去了这本来属于他的幸福的日子。他懊恼不已，因为他们从来没有让他觉得是值得珍惜的人。直至彻底失去他们，他才那么追悔莫及。

他一个人和狗、刺猬、乌龟一起住着，周围没有朋友没有亲人，他孤苦伶仃地熬着，敏感而又多情的拜伦在这样双重打击之下每天过得很悲苦。生和死这样的话题一直在他脑海中萦绕，他似乎觉得人生真的很迷茫。

他没有继续写诗，唯一的工作就是给《恰尔德·哈罗德游记》加注释。他开始收集一些关于这首诗的资料，因为他觉得这首诗的许多章节是记录宗教的。

他觉得那些宗教都是有弱点的，宗教会让人变得软弱、堕落，有的人甚至会误入歧途。

失去了母亲和好朋友的他似乎缺乏了年轻人的斗志。他不知道未来等待他的将会是什么样的结局。

一次愤怒的演说

拜伦在处理好母亲的丧事之后消沉了一段时间。此时他还作为上议院的议员不时地参加一下上议院的议会。此时英国正处于一个新时期的变革过程中。

英国爆发了工人破坏机器的"卢德运动"。1812年春,英国国会制定《编织机法案》,规定凡破坏机器者一律处死。工人们认为是机器让他们失去了生活的来源。他们原来都是手工作坊的劳动者。因为工业革命的影响,先进的机器设备逐渐取代了人力,进行一些生产活动。

工人们仇恨先进的机器,他们千方百计地捣毁它,好让自己能重新发挥价值。这样的行动让统治者很不满,他们决定制定法案来解决工人们捣毁机器的问题。

拜伦本来在议会上几乎不发言的,他喜欢当看客。但是这一次,他再也坐不住了。因为他不仅仅是同情惨遭镇压的工人们,另外还有一点,就是镇压工人运动的领导者杰克·马斯特斯是他喜欢的玛丽·安的丈夫。

杰克·马斯特斯对有漂亮媳妇的农户非常友善,但是对可怜的纺织工人却很冷血,他在镇压纺织工人运动过程中残害了不少人。拜伦在母亲不知不觉地影响下已经变成非常进步的辉格党成员。他用异常激动的语调在议会上进行了一番演说:

> 人们动辄被定罪,动机是最明显不过的:贫穷就是死罪。你们的补救方法是什么?这些骚动必须以死亡告终……你们法令中的死刑还不够多吗?这些不畏你们刺刀的,忍饥挨饿的不幸的人会被绞刑架吓倒吗?

这次成功的演说轰动了全场,大家都开始注意起这位平时很少说话的年轻议员。辉格党也开始注意这位年轻的贵族爵士了。荷兰德府的大门向他敞开了,在这里他可以成为社交界的焦点。

一个好的出版商约翰·墨瑞同意出版拜伦的《恰尔德·哈罗德游记》。墨瑞在出版之前,先把这本书的名气在伦敦播散。他印了诗中的名句分发给各界人士,又把活字版的全文送给重要的评论家,请他们评论。这时候,拜伦最幸运的是,两个知名诗人成了他的好朋友,一个是托马斯·穆尔,一个是塞缪尔·罗杰斯。

穆尔是和拜伦同一类型的讽刺诗人。像冤家一样,他们是有过矛盾的。以前,拜伦在《英格兰诗人和苏格兰评论家》中曾经攻击过他,他也想要和拜伦一决高下,下了挑战书。但那时拜伦已经登上东方的旅途,这封信两年来留在霍积生手上。

后来穆尔和一个美丽的女子结了婚,不再想挑战的时候,拜伦才从东方旅行回来。穆尔问起霍积生信的事情,才知道挑战信没有送到拜伦手上,这样,两人便和解了。为了和解,穆尔在朋友罗杰斯家里招待拜伦。

罗杰斯是伦敦大银行家的儿子,子承父业,他也和父亲一样从事银行事业。27岁的时候他出版了诗集,便被人们称为"银行家诗人"。因为本来是大财团的有钱人,所以他常以豪奢的佳肴盛宴款待朋友,成为伦敦社交界的名人。

那天晚上的宴会,除了穆尔之外,罗杰斯还请了一位诗人坎贝尔作陪,并且准备了精美的肴馔。坐下的时候,汤来了。

主人看见拜伦一点也不喝,便问:"不喝汤吗?"

"是的,我不喝。"

"鱼呢?"

"不吃鱼。"

"羊肉呢?"

"一切肉类都不吃。"

"葡萄酒呢?"

"一点也不喝。"

罗杰斯完全呆住了,他没想到拜伦是素食主义者。

"那么,您吃些什么呢?"罗杰斯冒着汗问。

"饼干和苏打水。"拜伦平静地回答。

罗杰斯慌张起来,因为家里恰恰没有饼干和苏打水。罗杰斯有点束手无策了。拜伦自己切碎了几个马铃薯,加上点醋,吃下了一些。

拜伦和他们两人成了至交好友,他和穆尔的友谊更是一天天加深。穆尔是都柏林食品商的儿子,生来有着文艺天分,是都柏林社交界不可缺少的人物。后来到了伦敦,也由于他那活泼的个性和颇懂人情世故的态度而被朋友们深深喜爱。拜伦也很乐于和这位平易近人的平民诗人交往。

他和穆尔的友情终生不变。现今留存的拜伦传记中最详细的一部,就是穆尔所写的。

与诗坛名人过招

拜伦在诗坛上的朋友不止雪莱一位,他和文豪瓦尔特·司各特的"忘年交"也是很值得我们从中体会的。

司各特于1771年出生在爱丁堡,比拜伦大17岁。他父亲是一位律师,母亲安妮·拉瑟福德是一位医生的女儿,受过良好的教育。她给司各特带来了不少创作灵感,对他以后走上文学创作道路影响至深。

司各特小时候不幸患上了小儿麻痹症,导致终身腿残,给他的生活带来了诸多不便。但也许正是因为这个缘故,他把绝大部分精力都投入到了文学的阅读和创作之中。

1786年3月,他跟随父亲进入律师界。1788年,他因病中断大学教育,一年后复学,聆听了许多法律方面的讲座。因此他对苏格兰从封建社会发展到现代社会的历史有了较为透彻的了解,这对他的小说创作产生了一定积极作用。

司各特同其他学生一样,参加了许多文学和哲学协会,讨论人们普遍关心的社会、历史、文学、政治、哲学等问题。

1792年,他终于不辜负父亲的期望,当上了律师,然而,他对此并不怎么感兴趣。他后来说,要不是身体残疾,他会去从军。

他曾花费很多时间游遍苏格兰各地,特别是苏格兰与英格兰的交界处以及苏格兰高地,广泛了解苏格兰的过去、现在以及风土人情,采集了大量民谣。

对他走上文学创作道路有过重大影响的还有他的舅舅拉瑟福德,司各特通过他结识了不少博学多才的人。1805年,他34岁,发表了《最末一个行吟诗人之歌》,使他一下子成为英国第一流的诗人。

他的作品有明澈的气息和宽宏大量的感情,深受人们的喜爱。当他被推举为桂冠诗人的时候,他把这一荣誉称号和薪俸让给友人骚塞,自己一生都没有接受。

1805年以后的10年间,他的诗篇声价更高,收入也大增,他便在山中建起一座宏伟的房屋,叫作"阿坡浮德的家",专心于写作,又和世界的文人墨客交流。

司各特为人正直,他的一个朋友看见他的生活很困难,就帮他办了一家出版印刷公司,可是他不善于经营,不久就倒闭破产了。这使原本就很贫穷的作家又背上了巨大的债务包袱。

司各特的朋友们商量,要凑足够的钱帮助他还债。司各特拒绝了,他说:"不,凭我自己这双手我能还清债务。我可以失去任何东西,但唯一不能失去的就是信用。"

为了还清债务,他像拉板车的老黄牛一样努力工作。他的朋友们都非常佩服他的勇气,都说他是一个真正的男子汉,是一个正直高尚的人。

当时的很多家报纸都报道了他的企业倒闭的消息,有的文章中充满了同情和遗憾。他把这些文章统统扔到火炉里,他对自己说:"瓦尔特·司各特不需要怜悯和同情,他有宝贵的信用和战胜生活的勇气。"在那以后他更加努力地工作,学会了许多以前不会干的活,经常一天跑几个单位，变换不同的工作，人累得又黑又瘦。

拜伦在1809年发表的《英格兰诗人和苏格兰评论家》里面，无缘无故地攻击过这样一位温和而高雅的诗人——司各特。他攻击司各特是为了生活而执笔写作。

司各特回答说：

> 拜伦勋爵这头小狮子，攻击我是靠文笔糊口的，这颇为滑稽。他一点也不知道我的生活状况。看见熊没有食物而舔自己的前脚，便觉得好笑吗？
>
> 我要告诉这位有名的顽皮孩子，不让我承继广大的庄园和年俸5000镑并不是我的过错，而他能够承继也不是他的功劳。
>
> 他生下来便有不需要靠自己的文笔和成功来谋求衣食的地位，那只是他的幸运。

后来经过出版商墨瑞的调停，司各特写了一封信给拜伦，表明自己的态度。

1812年7月6日拜伦发了回信。这是一封表现了他的善良性格和谦虚品质的信。

> 有幸收读你的来信。承你提及我黄口小儿时期的坏作品，很觉抱歉。
>
> 那已经是绝版的东西了。你的说明反而使我产生自责之念。那篇讽刺诗，是我在年轻而且心中充满痛愤的日子里为发泄愤懑、卖弄警句而写下的东西。
>
> 现在我正被这篇"武断的亡灵"所苦恼着。

> 对于你的赞赏，我苦于没有感谢之辞。

信里接着说到了他会见摄政王的时候，摄政王赞赏司各特为不朽文豪的话。信末，他也尽到了作为后辈的礼节。那是《恰尔德·哈罗德游记》出版后4个多月，诗人拜伦的名声凌驾司各特的时候。

后来司各特的创作由诗歌转向小说，作为传奇历史小说的巨匠，获得独步古今的地位。他的作品风格，大家都知道是受法国大仲马的影响的。

司各特的诗充满浪漫的冒险故事，深受读者欢迎。但当时拜伦的诗才遮蔽了司各特的才华，司各特转向小说创作，从而首创英国历史小说，为英国文学提供了30多部历史小说巨著。

司各特最早的一部历史小说《威佛利》1813年出版，取材于苏格兰。司各特关于英格兰历史小说有脍炙人口的《艾凡赫》《撒克逊劫后英雄传》等，关于欧洲史的小说有《昆丁·达威尔特》及《十字军英雄记》等。司各特的小说情节浪漫复杂，语言流畅生动。后世许多优秀作家都曾深受他的影响。

1815年春，司各特去欧陆旅游的途中，暂住伦敦，在墨瑞家里会见拜伦。在他逗留伦敦期间，连日和拜伦相见，纵谈诗歌、艺术、政治和宗教。他们互相交换了赠品。司各特送给拜伦一柄黄金铸造的短剑，拜伦送给他一个从雅典古墓掘出来的装有人骨的银瓶。

拜伦终生把司各特看作前辈。他焦急地等待司各特的小说出版，之后便贪婪地读着。他给司各特的信件，充满着对那些名篇的赞美之词。

拜伦对司各特的友情，是穿插在他那波澜重叠的激烈斗争生涯中的一段美妙的插曲。

在诗坛上脱颖而出

拜伦的新书《恰尔德·哈罗德游记》出版了。本来这本书是预定在1812年3月1日出版的,可是出版商墨瑞却故弄玄虚,将它拖到10日左右,而在这期间,还大登广告并制造新闻。正式发售后,还不到3天的工夫,第一版发行的500本书竟销售一空;而拜伦也在一觉醒来时,发觉自己已经成名了。

《恰尔德·哈罗德游记》是拜伦的代表作。在他的长诗里,塑造了一批"拜伦式的英雄"。这种英雄的特征是孤傲、狂然、浪漫,却充满了反抗精神。他们的内心充满了孤独与苦闷,却又蔑视群小。恰尔德·哈罗德王孙是拜伦诗歌中第一个"拜伦式的英雄"。诗中写道:

> 恰尔德·哈罗德心头不安,
> 据说他几乎淌出悔恨之泪,
> 自尊心使他眼泪在眼中打转。
> 他要逃离那群放荡的伙伴,
> 他心事重重,郁郁寡欢。

既然已经厌倦安逸的生活，
于是决定离开故土，浪迹天边。
渴望国外炎热气候的考验。
甚至不惜下地狱闯一番……

如果说历史上有过这种情况的话，那么，拜伦的《恰尔德·哈罗德游记》便是唯一的例子。拜伦的成功是辉煌的。墨瑞的策划宣传新书的方案取得了很好的效果。在伦敦文坛上，这本书在出版以前就很有名了。因为罗杰斯在社交界的贵妇人中有势力，所以从他口中说出的赞美词便传播到妇女中间去。

罗杰斯是当时威廉·兰姆的夫人卡洛琳·兰姆的崇拜者。夫人系出名门，是一代才女，是伦敦社交界的明星。她从罗杰斯那里听到拜伦的事情，又看过活版印出的原稿，很感兴趣，便向朋友们宣传开了。《恰尔德·哈罗德游记》一出版，立即成了伦敦人谈话的中心。

那是充满辛辣味道的崭新的诗篇。它的舞台是拿破仑战争旋涡中的欧洲各国。它的思想是对专制政治的大胆的挑战。它的内容是一个青年贵族恰尔德·哈罗德的纵横万里的旅行、天马行空的情思。它被看作拜伦的自述。

这本诗集恰恰适应了倦怠已久的、期望着展开一个新局面的英国人的要求。忽然间，一片高呼和呐喊中，拜伦走红了！他成为英国当时最红的诗人。

英国统治阶级的贵族豪富，大约只有4000人左右；而他们组成的所谓社交界，差不多是日夜聚会、歌舞升平。所以，一个人说的话会很快传遍伦敦，拜伦在一部分人中的名气很容易变成整个社会的名气。一切好像都为拜伦的登场做好了准备。拜伦像早上八九点中的太阳一样,逐渐升上了英国的上层社会。

那时候,在伦敦的社交界,如果不谈论《恰尔德·哈罗德游记》,不谈论拜伦,就要被当作时代的落伍者。

在贵妇人们的眼中,他更是令人着迷。他的诗才、他的美丽、他的冷酷都成为贵妇们争相追捧的对象。她们赞美拜伦,憧憬拜伦。她们投身在拜伦脚下。在她们眼中,拜伦就像神一样值得她们顶礼膜拜。

他有着白瓷一样白皙而光亮的皮肤,铜色的卷曲的头发,长长下垂的睫毛里面忧郁的桃花一样的眼睛,希腊雕像般的性感的薄嘴唇。除了他走路时跛脚的姿态不够完美以外,他简直就是完美的化身。

他的诗集还体现出蕴藏在美丽的躯体里面的充沛的热情、勇气和聪明。跨马驰骋在阿尔巴尼亚的崇山峻岭上,游泳渡过赫勒斯旁海峡,半夜倚着船舷同地中海的波涛谈话的放浪儿。这些浪漫的场景充分迷醉了那些贵妇们,她们在食桌上总是"拜伦、拜伦"地说着。

听说拜伦要来,连没有被邀请的人也会忽然出现。贵妇们为了要在饭桌前紧挨着拜伦,甚至有人会故意弄乱桌上的名单,搞一些明争暗斗的小把戏。有一个小姑娘甚至改扮了男装,想去做拜伦的仆人。这段时间拜伦几乎被英国上层社会的名流包围了。

在伦敦的社交圈有一位活泼大方,但性情却反复无常的名女人,叫卡洛琳·兰姆。她在7年前嫁给墨尔本爵士的第二个儿子,并且已生了一子。

她极富青春活力,并且十分敏感,虽然已经结婚生子,可是仍保有少女的纯洁和天真气息。她虽然没有受过什么正式教育,但却天生丽质、蕙质兰心。她不仅能写诗而且还会作画。她久闻拜伦的名声,十分仰慕,但苦于无见面的机会。

有一天,罗杰斯到她家去拜访,递给她一本《恰尔德·哈罗德游记》,并且说:"你应该认识这位新的诗人!"不过,罗杰斯又警告她说:"这个人不但跛脚,还常咬自己的手指……"但是卡洛琳读过拜伦的书以后,说:"即使他像伊索寓言的作者那样丑陋,我也想认识他。"

她在威斯特摩兰夫人家里看见他了。他有美丽的容貌,像音乐一样的声音。但是由于许多妇人围在他身边,使自己不能走上前去,因而她未能与拜伦相识并交谈。

那天,她在日记上写道:"发狂的、不好的、危险的人。"两天之后,在荷兰德府她和拜伦被正式介绍见了面,他们进行了交谈。回来后,她写道:"那样苍白美丽的脸色!是我的命运!而这样征服了许多女性的他,又是怎样呢?"

他依然被无尽的寂寞包围着,他至今也无法从痛心酸楚的过去挣脱出来。他在怀疑着自己诗篇成功的永久性。而且他还没有完全摆脱少年时期的害羞的性情。他虽然成了伦敦社交界的狮子,内心却是烦闷的。他俯视着一切女性,而又依然低着头很少说话。他的沉默、忧郁和怀疑更赋予他以特殊的魔力。他就这样一步一步地走上了英国社交界的王座。

正由于卡洛琳不愿去奉承拜伦,反而引起拜伦对她的兴趣。对拜伦来说,这是一种新鲜的经历,因为以前在他身边包围着的,尽是一些社会地位比他低、仰慕他、奉承他的女人;而现在他却面对着一位社会地位相等、知识又相当的社交界名女人。

卡洛琳·兰姆是英国贵族社会特有的产物。他们有着大量金钱、权力和道德,他们能够任意地穷奢极欲。他们能够制定有利于自己的法律,他们制造方便自己的道德标准,用冠冕堂皇的道理来掩盖放荡堕落的生活。

美丽的卡洛琳就是在这样的富贵人家生下来的。她的母亲别斯保罗夫人,因为卡洛琳3岁的时候患过脑出血,便把她寄养到亲戚德文西亚公爵家去。

按照那时候英国贵族夫人的习惯,德文西亚公爵夫人把全部时间都花在社交上,没有时间照顾孩子,孩子们都是交给仆人看护。

美丽而富贵的卡洛琳就像"公主"一样,是在没有任何人违抗她的意志的环境中长大的。作为贵族的成员,她不需要进学校,因为将来即使不认识字,她也能拿到国家给贵族特有的津贴,足够生活开支。所以卡洛琳到10岁还不会写字,因为她没有念过书。

她每天爬起床来,便拿着银制的食器,穿着睡衣跑进厨房去,在那些吵闹不停的男女仆人的伺候下吃饭。吃过饭之后,她还自顾自地玩耍半天。

像她自己在日记中所写的那样,比起读书来,她还是:"更喜欢洗狗呀,驯马呀。讲到马的方面,最喜欢训练劣马。"由此可见,她是一个征服欲和占有欲极强的女人。

到15岁的时候,家里觉得作为上流社会的成员,一定要有一点学识,这学识不是用来解决实际问题的。女人读书读得多,可能是为了和同样贵族出身的男士更般配。于是他们给卡洛琳请了家庭教师来教书。

不多久,聪慧过人的卡洛琳就学会了希腊语、拉丁语、意大利语、法语、音乐、图画、演戏、作诗,用她的才华震惊了伦敦的社交界。英国上流社会都希望结识这样一位才女。

有这样一位才女围在自己周围,让英国那些贵族男士两眼冒火,他们充满羡慕嫉妒恨的目光,让拜伦觉得很舒服。卡洛琳也是如此,她享受那些英国名媛愤恨和嫉妒的目光。

拜伦和卡洛琳的爱情是两者个性强烈、自以为是的冲击使然。这段缠绵而波折起伏的爱情，自始至终造成两个人刻骨铭心的痛苦记忆。

有时拜伦硬逼着卡洛琳承认她爱他甚于爱自己的丈夫。甚至，有一次为了要检验卡洛琳是不是对他真心，而向她提出私奔的要求。或许他明知卡洛琳绝对没有勇气离开她现有的舒适环境，也或许他只是要试试看卡洛琳是否会离开她的丈夫与儿子。

根据罗杰斯的记载："她向拜伦保证，如果他需要金钱的支助，她所有的珠宝都可以任他取用；而且，如果拜伦去参加她未被邀请的宴会，她甚至愿意在街角等候拜伦，直至宴会结束。"

除了和卡洛琳的恋情，拜伦还收到一大堆倾慕他的女人写来的信。有的想要帮助他改变信仰，有的要拜伦对她的诗下评语，有的甚至自作多情地以为他诗中所写的女人就是影射自己的。

拜伦在这时候与卡洛琳的62岁婆婆墨尔本夫人成为了知心好友，以后和她无所不谈，毫无隐瞒。

当拜伦和卡洛琳的关系达到某一高潮后，拜伦想要"急流勇退"，但却不知如何是好。他想退出的原因之一，是卡洛琳处处想控制他，这让他感到难以忍受。

卡洛琳曾经改了装扮进入拜伦家中，拿出刀来想以自杀威胁拜伦。拜伦夺下刀后，霍布豪斯接着把她劝到别的房间去，让她更换衣服，再用马车送她到朋友家，这样才算结束了这一幕闹剧。

从表面上看来，他们两人的关系似乎已经告一段落，然而事实上，卡洛琳仍旧为拜伦痴狂如旧。

她每天坚持给拜伦写信，拜伦开始还彬彬有礼地给她回信，但是后来，他实在不能忍受这个女人的疯狂之举了，于是给她写了一封很绝情的信。

卡洛林夫人——我再也不是你的情人，既然你用这种不像女性所做的迫害逼着我承认……听着，我爱上了另一个女人，当然这里提她的名字实为亵渎。我将永怀感激的心情牢记你向我显示的好意；我将始终是你的朋友，如果你允许我这样写的话。作为我的敬意的第一个证明，我给你提一个建议：改掉你可笑的虚荣，你把你荒唐的奇想强加给你和其他的人吧，让我安静一点吧！

你最恭敬的仆人拜伦

墨尔本夫人为了平息他和卡洛琳之间的风风雨雨，曾努力促使她的侄女安娜贝拉和拜伦认识。因为她以为，若是拜伦能有一位贤惠的妻子就不至于再和卡洛琳纠缠不清了。拜伦接受了墨尔本夫人的建议，果真向安娜贝拉求婚，没想到在伦敦社交圈如鱼得水的拜伦，竟然在这里吃了"闭门羹"，安娜贝拉拒绝了拜伦。于是，拜伦只好一笑置之。

这时候，成熟而稳重的牛津夫人又吸引了拜伦的注意。因此，他又成了牛津夫人的座上客。

拜伦回顾自他出了名以后的这一年，发觉只有目前的状况最令他满意。在年终的最后一天，他写给墨尔本夫人的信上说：

这一年，我没有什么成就，但唯一可以自豪的是：我在你们家两个月的时间里，创下了我的纪录——没有打过一次哈欠！

被迫订婚

爱情本身就像是一团乱麻,对于像拜伦这样的诗人来说,爱情更是珍贵的奢侈品。因为初恋的被蹂躏,他已经很仇视女性了;和卡洛琳在一起的日子,也让他有生不如死的感觉。

然而噩梦并没有马上结束,拜伦和卡洛琳的关系依然纠缠不清!虽然拜伦已经停止写信给她,但她仍旧一直纠缠着拜伦。

有一次,在伊斯考特的舞会上,他们两人竟然再次碰面了。卡洛琳抓住了他的手,上面还按着一件金属的东西,并且说:"我真的要用这个……"

拜伦回答说:"在我身上吗?"说后,就从她身边走过去了。

晚餐的时候,她看到拜伦和一位兰克利夫人走进餐厅,她就拿着刀跟了进去。拜伦对她说:"如果你要演刺杀恺撒大帝的那一幕,请留意下手的姿势——刺你的心吧!不要伤害我的心——因为你已经早就刺透了!"

卡洛琳拿着刀跑了出去,许多女士想把她手中的刀夺下时,她却砍伤了自己的手。第二天,当地人们又增加了许多闲谈资料,卡洛琳才觉察到自己已经闹得太过分而成为众人的笑柄了。

拜伦只喜欢一个女性，那就是他的异母姐姐奥古丝塔。他对她的喜爱甚至已经超越了姐弟亲情。他甚至有点爱上了姐姐。

姐姐奥古丝塔的婚姻生活很不幸，丈夫乔治·利除了赛马、赌钱以外，就只有追逐女仆的本事了。而当附近有赛马比赛的时候，他才回家一次，3个孩子全都要奥古丝塔一个人照顾。

由于赌博负债，家里连妻子的陪嫁也败光了。奥古丝塔的生活已经到了山穷水尽的地步。她只有尽力向债权人解释，每月勉强向食品店、服装店交付费用。

当她家里再也找不到对付债权人的借口的时候，她只得暂时到伦敦去投靠拜伦。和伦敦社交界中惯见的贵妇人不同，她是纯然古风的贞淑女子。她是不参加晚会、舞会的家庭妇女。她虽然是男爵家的女儿，算作贵族，但是没有资产，实际生活水平只是跟中产阶级差不多。

正是她要到达伦敦的那一天，拜伦事先约定了要送奥克斯福夫人和她的丈夫去地中海旅游。拜伦觉得有必要为不幸的姐姐而舍弃一切。他没有去送奥克斯福夫人，而去迎接不幸的姐姐。拜伦大概已经有10年没有看到姐姐了。

1813年6月27日午后，他把姐姐接到了家里。一看见姐姐，他就觉得很喜欢她。那是见到和自己长得相像的人的一种欢悦。她秉承着拜伦家的血统，脸型和睫毛还有眼睛都和拜伦的一样，说话的音调、害羞的神情以及有时候沉思的样子都很相像。拜伦似乎是在看另一个自己。

这不是自己长时期中寻求的女性吗？而且和自己很相像。两人在一道时，常常沉默着，而彼此的内心却是完全相通的。拜伦第一次遇见了自己在她面前不用掩饰的女性，但那人却是自己的姐姐。

1813年7月，他到姐姐家去看她的3个孩子。8月又回伦敦来，他们同住在一座屋子里。他发觉心中又有了久已失去的和平宁静,他感到非常幸福,因为他遇见了真正能够关心他、爱护他的女性。

拜伦在写给卡洛琳的婆婆墨尔本夫人的信中,曾暗示他和同父异母姐姐有着近乎过于亲昵的关系。这让墨尔本夫人非常吃惊,她甚至觉得,这种情形比拜伦和卡洛琳的关系更为严重。

对拜伦来说,这种关系似乎是他们家的传统习性——越是被禁止的事,越是有"新鲜的感觉"。不过,他也想竭力摆脱这种不道德的行为,因而他的内心有着极大的矛盾和不安。本来他想要带奥古丝塔一起出国的,后来因为听了墨尔本夫人的劝阻,打消了这个念头。

还有一个女人进入了他的视野,那是同学韦伯斯特的新婚妻子弗朗西斯·韦伯斯特。他那年9月被邀请去会见韦伯斯特夫妇。

弗朗西斯是个瘦弱的金发女人,她那纤细的感觉和明澈的头脑,很引起拜伦的兴趣。她也被拜伦这样才华横溢的诗人深深吸引。他们互相间的思慕之情随着会见的次数而增加。但是尚未失去少女纯真感情的她,不敢将一切给予他。

他们之间是没有结果的,因为她是他朋友的妻子。就算再怎么样喜欢,拜伦也不能夺人所爱。他也不忍使这个纯洁的女人受良心苛责的痛苦。最后,在纽斯台德古堡的一个夜晚,两人站在前庭直至凌晨两点钟,终于含着哀怨分别了。

在这段情绪低落的时间里,拜伦开始写日记,一开头就是检讨自己和一再回忆他已逝去的岁月。他的结论是绝望和失败:

　　一个人到了25岁,
　　　生命的黄金年华已经过去时,
　　　　他应有所成就了啊,

而我有什么呢?
只白白地活了25年!
我看了些什么?
世界各地的人都是一样!
哎,女人也是如此。我也不知自己想要什么,
一旦有了想要的,有时候却又后悔了!

大家都认为婚姻是爱情的坟墓,可是没有婚姻这座坟墓,爱情会不会死无葬身之地呢?如果没有爱情就急于进入婚姻呢,那似乎就是一种类似于"自杀"的活埋。

已经25岁的拜伦渴望走进婚姻的"围城"。他已经经历了所有爱情的形式,只有婚姻还没有尝试过。他喜欢搞怪,喜欢让人觉得不可思议。如果在婚姻这件事上他不让人吃惊的话,那种婚姻又算什么东西呢?

渴望进入婚姻的神圣殿堂的拜伦开始找朋友商量,究竟应该找谁结婚。尽管他不知道应该和谁一起结婚,但是这种需要结婚的愿望一天天地强烈起来。

在奥古丝塔的建议下拜伦追求夏洛蒂小姐,不料夏洛蒂小姐太过于害羞,不敢表示自己的心意。因而在年底前,她听从家人的安排,嫁给了另一位贵族。

拜伦没有因为这件事而伤感,他觉得自己的缘分还没有到来,他希望能拥有一位像姐姐一样的好妻子,如果能找到那样好的伴侣,他不在乎多等待一些时间。

墨尔本夫人上次给拜伦介绍的安娜贝拉也是不错的结婚人选,她上次拒绝了拜伦,拜伦内心有很强烈的征服她的欲望。或许拜伦并不是很爱她,追求她只是觉得可以满足自己作为一名男性的征服欲。

于是拜伦转而向纯洁的安娜贝拉进攻。她是原来的情人卡洛琳的表妹。他文情并茂的求婚信轻易地赢得了安娜贝拉的芳心,安娜贝拉对于这样危险的征服感到惊奇。她也不再矜持,而且拜伦的求婚信使她产生一种错觉,这封信让她自信心爆棚,她觉得自己就是唯一一个能拯救这位漂亮的罪人的人。

虽然拜伦急于讨好并取信于安娜贝拉,可他心里还是很不自在。他以前恋爱的对象,除了幼年时对玛丽·安是真正认真地付出感情外,其他的都是秘密且被禁止的。因为和他交往的女人都是别人的夫人,对于纯洁的安娜贝拉,拜伦真的没有什么信心。

卡洛琳知道拜伦追求表妹的消息后,刻薄地说:"拜伦永远不会跟一位准时去教会、会统计学、身材奇差的女子在一起。"但是,安娜贝拉并不愿意听从表姐的劝告,安娜贝拉被拜伦的表白打动了,她决定担任起改造拜伦的任务来。

她是教徒,可是拜伦不信教,她千方百计地说服他相信神的存在,可是拜伦对此不屑一顾。他需要证据证明神是存在的,但是她做不到。

于是她像老师一样教育拜伦,她告诉拜伦:"要仁慈,你会去爱大家的,你会行好事,尽管我的行为并不十全十美,但是十分荣幸,因为我能赐给人以平安,唤起人的德行。"

1814年9月9日,拜伦写信向安娜贝拉求婚。安娜贝拉很快回信说:

长期以来,我一直对自己发誓,我一生中的第一个目标就是使你幸福。我将把我应该尊重的一切,我能爱的一切,寄托于你。我现在唯一的恐惧,就是害怕辜负你的期望。事实上,我的感情几乎没有发生任何变化。

尽管安娜贝拉的父母得到女儿即将订婚的消息有些不安,他们不了解拜伦究竟是个怎样的年轻人。他们希望拜伦能来他们的家乡见一见面,互相了解一下。可是他们的女儿非常确信,拜伦就是和自己最合适的伴侣。这就是安娜贝拉的可悲之处,因为实际上她一点也不了解未婚夫的一切,她对生活中的拜伦一无所知。

很快,拜伦和安娜贝拉订了婚,但是这依然无助于他们之间的情感的发展。安娜贝拉不能理解拜伦,她像圣女一样神圣而又正直。在拜伦看来,她更像是缺少风情的"神职人员"。

他们在一起就好像"天使"遇上了"魔鬼"。他们虽然天天在一起,但是他们的心之间却存在着最遥远的距离。

平淡的婚礼

拜伦成功了，他赢得了安娜贝拉的芳心。可是他并没有觉得多么幸福。他总是推托着不去见安娜贝拉的父母。因为一切都有家庭律师韩生打理。

韩生是位多疑的律师，他坚持要草拟一份关于他们夫妻财产约定的协议。安娜贝拉的父亲也是位爵士，他打算给女儿每年1000英镑的嫁妆。其中300英镑作为女儿的零用钱，另外700英镑作为女婿的终身年金。将来安娜贝拉还会继承父亲每年7000英镑至8000英镑的收入，这些钱将由拜伦夫妇平分。

在拜伦一方，他要以纽斯台德的财产作保，正式给予妻子总数达60000英镑的一笔钱，估计年收入有2000英镑。财产协议的约定让双方都很不高兴。拜伦的朋友们认为拜伦这位未来的岳父是个小气吝啬的人。安娜贝拉的父亲认为拜伦家的律师厚颜无耻。

安娜贝拉似乎在这场婚姻中是毫无价值的摆设，他们在钱上斤斤计较着，谁都没有注意到婚姻本质是和钱没有太多关系的。拜伦终于决定要去拜见岳父岳母了，他要像一个真正的爵士一样敲开未婚妻家的大门，亲自把她迎娶回家。

拜伦初次到安娜贝拉的家还是很愉快的，他和岳父的关系相处得很好。他的岳父是位"十全十美"的绅士。但是他的岳母却让他很难接受，因为那是一个好管闲事的讨厌的女人。

但是最让拜伦失望的是未婚妻安娜贝拉。他见到她时就觉得自己错了。长期以来自己喜欢的只是在自己脑海里汇集的一个美好的女人。当安娜贝拉远远地在他乡的时候，拜伦看到的都是美好的闪光的东西，当她真正走进自己的生活的时候，他发现她跟自己实在是不般配。

他觉得他们的婚姻是不会成功的。他不知道怎么和安娜贝拉相处，因为她太多愁善感了。而拜伦又经常在安娜贝拉面前提到奥古丝塔。

他对安娜贝拉说："你不太严肃的时候，就好像奥古丝塔一样可爱！"

安娜贝拉有些不高兴地说："难道你天天喜欢看我嬉皮笑脸的样子吗？那是轻浮的女人才会做的事。"

拜伦很生气地说："你，你说什么？你怎么可以说我姐姐是轻浮的女人？你知道吗，谁也取代不了她在我心目中的地位！你不配说她！"

这样的谈话总是充满火药味儿。拜伦为了不和未婚妻发生无谓的争吵，索性就不说话了。在他们相处的更多时间里，他们彼此保持着沉默。

这种压抑的生活让拜伦感到窒息，拜伦就询问墨尔本夫人："敬爱的墨尔本夫人，你能告诉我，我究竟该怎么做吗？我和未婚妻安娜贝拉没有话说，你知道吗，她就像一位圣女，总是高高在上的样子。她似乎瞧不起我，我们没有话说，我们一说话，很快就会争吵起来。我真希望你能帮帮我，我都要崩溃了！"

墨尔本夫人微笑着告诉他说："你真是个'笨蛋'，对于女人，你难道还总是喋喋不休地和她们说话吗？告诉你，爱是不需要用语言来表达的。我还以为你是'情圣'呢，什么样的女人都能搞定，可你原来是个中看不中用的家伙。"

墨尔本夫人笑着接着说："难道还要我给你亲自示范吗？你妻子那样的女人，表面上看起来极其正统，但是她骨子里还是需要你爱抚的。女人都是口是心非的动物，当她说'不要'的时候就是说'要'。接吻和拥抱对于你们这样的热恋中的情人来说是必不可少的。"

拜伦听从了墨尔本夫人的话，他尝试着亲近安娜贝拉，当他回来的时候，热情地抱住了安娜贝拉，"哦！亲爱的，你真美！"说着他吻了她的嘴唇。

安娜贝拉像被侵犯了似的，一把推开拜伦，她惊讶地叫道："噢！你在干什么？快把你的脏手拿开！你的口水让我恶心！"

说完，她很虔诚地双手合十，低头祷告："上帝啊！宽恕这可怜的孩子吧！他一定是中邪了！阿门！"

拜伦被安娜贝拉这样的行为激怒了，他愤怒地说："你，你在干吗？难道我是匪徒吗？我是你的未婚夫，难道我连吻你都不行吗？"

安娜贝拉惊恐地摇摇头说："当然不行了！我们还没有举办婚礼，你怎么能吻我呢？我是纯洁的女孩儿，在没有结婚前，任何男人都不能碰我，要不然上帝会惩罚我们的。"

拜伦垂头丧气地倒在一边，他摆了摆手说："好吧，'圣女'。别那么激动，既然你不接受我这样做，我们还是暂时先分开。要不

'上帝会惩罚我们的'。等我们结婚时再见面吧！"

拜伦很快收拾好行李，准备离开了。他在离别时对安娜贝拉说："这次分手是短暂的。我会很快回来接你的，到时候我们就结婚。"

接下来的两个星期，拜伦都没有回到安娜贝拉的家。他一直在犹豫是否要真的和安娜贝拉结婚。虽然安娜贝拉很纯洁，也是好女孩，但是她似乎完全不了解拜伦。

安娜贝拉一直在写信给他说：

亲爱的乔治：

这么长时间过去了，我已经开始想念你了。不知道你有没有想我。上次的事情是我太激动了，对不起，希望你能理解。我从小都是这样的，从来没有一个男人吻过我的嘴唇。你那个样子有点吓到我了。

结婚的礼服我的父母已经订好了。婚礼上的蛋糕是三层的，上面还有模仿我们的样子的糖做的小人。亲戚们给的结婚礼物也都准备齐全了。

现在万事俱备了，只等着你回来跟我举行婚礼。你可不要做逃跑的新郎啊！我都已经通知亲友了，你要是不来，我就没有脸见人了！你一定要赶快来啊！

爱你的安娜贝拉

拜伦看了这封信，知道这次他是逃不掉了，尽管他觉得这场婚礼一点儿也不让人期待。他甚至有些恐惧。他回伦敦找霍布豪斯做他的伴郎。他希望有人能给他一点信心，让他能回去和安娜贝拉完婚。一路上拜伦总是拖拖拉拉，他不想那么早见到安娜贝拉。他在圣诞节的时候还和姐姐奥古丝塔在一起住了一夜。

1814年12月25日，当霍布豪斯与拜伦动身去迎娶安娜贝拉时，天气格外寒冷，地上也飘满了雪，对酷爱温暖气候的拜伦来说，这真是一个不祥的预兆。

他跟霍布豪斯说："今天的天气真糟糕，这么大的雪，我觉得这有点太不吉利了。"

霍布豪斯安慰他说："乔治，你总是那样杞人忧天，圣诞节期间就是这样的。谁让你们不把婚礼安排在春天或者秋天呢，那样一定不会下雪的。"

拜伦愁眉不展地说："我真的一点也不想回去结婚。可是你知道吗，头几天安娜贝拉给我写信，她威胁我说，要是我不回去她就会死。我最害怕这样了。可是我觉得我不爱她，或者说没那么爱她。但是我也不能眼睁睁看她因为我而发生不幸。所以我还是要回去和她结婚。"

霍布豪斯很惊讶地说："噢？你不爱她？为什么还要招惹她？她那样的基督徒，或许真的不适合你，我知道你一向不信教的。结婚后她会不会变成'传教士'，非逼着你信奉'上帝'啊？"

拜伦摇摇头说："我真讨厌她那'救世主'一样的眼神。想到她那坚定而神圣的充满怜悯的目光，我就会浑身打颤。这回我麻烦大了。"

霍布豪斯拍了拍他的肩头说："你放心，我相信你可以征服她的。说实话，安娜贝拉也是不错的女人。她看起来很单纯，你是个有能力的男人，应该能征服她。既然要结婚了就要担当起做丈夫的责任，不要随便跟女人计较。"

拜伦无奈地说："谢谢你能这样安慰我，希望能像你说的那样。"

1815年1月2日，拜伦和安娜贝拉的婚礼如期举行。婚礼流程是按照拜伦的意思安排的，他们只邀请了安娜贝拉的家庭教师，并由两位牧师来主持仪式，除此之外，就是安娜贝拉的家人而已。

婚礼进行得很平淡，没有什么鲜花拱门，也没有热闹的酒席，一切仪式都是模板一样的千篇一律，没有一点让人难忘的地方。

拜伦的脑子里一片混乱。他似乎什么也没有听见，什么也没有看见，他的眼前还浮现着初恋情人玛丽·安的脸，直至该他说话的时候他才回过神来说："我把我在世界上拥有的一切都献给你，我的妻子安娜贝拉。我爱你，无论我们是健康或者疾病，无论我们是贫穷还是富有，无论我们是年轻还是衰老，我都会一如既往地爱你。"这是拜伦此生说的最言不由衷的话。

他的妻子安娜贝拉一脸幸福地说："我也是，我希望我们的婚姻可以成为经典的范例，希望上帝为我们赐福！让我们永远相亲相爱，白头到老。"

人们向他们祝贺，霍布豪斯把新娘扶上马车，他对她说："祝你永远幸福！希望你能像一位贤惠温柔的妻子一样爱护乔治，因为他小时候太不幸了，希望你的爱能化解他内心尘封多年的伤痛。"

她回答："假如我不幸福的话，那是我自己的过错。放心吧，我一定会好好爱护他的。"

他们很快开始驾着马车进行蜜月旅行。马车上的妻子焦急而又迫切地想度蜜月，马车上的丈夫却为这场婚礼懊恼不已。他是为了报复才和安娜贝拉结婚的，因为第一次她拒绝了他。这个报复安娜贝拉的念头就是从那时候开始的。

他终于忍不住要对安娜贝拉说："你真是受了你想象的莫大的愚弄！像你这样一位有见识的人却产生出不切实际的希望，希望来改造我，这怎么可能呢？……你本来也许会拯救我一次，但是现在已经晚了……你成了我的妻子，我要恨我的妻子，这对我来说够了。当我初次将我奉献给你时，你原可以为所欲为。但是你现在会发现，你已经嫁给了一个魔鬼。"

这番话让安娜贝拉吃惊不小，但是她从拜伦的笑声中觉得他是在和她开玩笑。安娜贝拉说："亲爱的，我相信你不是那么小气的人。之前那次拒绝你，不是因为不喜欢你，是因为我那时还没有自信，我觉得我特别藐小，配不上你。你第二次追求我的时候，我已经跟你解释过了。希望你不要在意。你知道，女孩家总是矜持的。"

安娜贝拉婚后对拜伦总是百依百顺，可是喜怒无常的拜伦仍然让她不知所措。他时而就是温柔的天使，轻轻地把她捧在手心里，可他还会突然因为她的一句话或者一个词而像魔鬼一样暴跳如雷。她只有22岁，单纯得像一张白纸一样，她真的不知道怎么和拜伦相处。但是她决心要改变他。

有一天安娜贝拉拿来一本《圣经故事》对拜伦说："亲爱的，你不想了解一下'上帝'的故事吗？这本书你看看，其实很有意思的。"

拜伦只是轻轻用眼角的余光扫了一眼那本书说："我对'上帝'不感兴趣。把你的书拿走吧，不要想让我成为'上帝的俘虏'，你那样做只会让我感到厌倦。我告诉你，不要想改变我！"

安娜贝拉不服气，她把书打开，递到他面前说："你看看，你那糟糕的坏脾气，那是魔鬼'撒旦'在你身边引诱你的结果。只要你信奉'上帝'，那至高无上、无所不能的主啊，他就能为你驱逐魔鬼！相信我吧，只有我能拯救你！"

"够了！你少摆出一副'上帝'的模样。告诉你，我根本不相信那一套骗人的鬼把戏。就算真的有魔鬼，你就让它来找我吧！我不怕！因为我就是魔鬼，我是比魔鬼还要恶毒千倍万倍的恶人！你能拯救我吗？哼！笑话！你还是先拯救你自己吧！"

说完这番话，拜伦愤怒地把那本书撕得粉碎，并且把书的碎片甩在了安娜贝拉的脸上。他以为这样可以激怒安娜贝拉。可是他没有想到，安娜贝拉竟然一点也没有恼怒。她只是默默地拿来扫帚轻轻地把书扫在一起，装在纸袋里，然后自己一片一片地用胶粘好。

她依然微笑着说："亲爱的，不要那么生气，生气对你的肝脏不好。没关系的，书不好看你也不要那么用力把它撕碎，那样你的手会疼，那本书也一样会疼。"

拜伦听到妻子这样的话，情绪平静了很多，他说："好吧，亲爱的。是我不对，我不应该把你的书撕坏，那样的确太失礼了。你不要粘了，等明天我赔你一本。"

安娜贝拉笑着说："我就说你不是铁石心肠的人嘛。咱们夫妻之间干吗这么客气，只要你能按我说的去做，我相信，你很快会成为一位杰出的'圣人'的。"

可是这些话再次刺激了拜伦敏感的神经，他又发起狂来："我告诉你，不要想控制我，不用摆出一脸伪善的模样，你那个样子只会让我更讨厌你！我不想当什么'圣人'！我结婚的时候就告诉过你，我就是魔鬼！"

她不明白，正因为她太过纯洁、完美，而使拜伦更加不喜欢。拜伦的情绪变化得这样快，安娜贝拉感到害怕和惊讶。有时拜伦看她害怕的情形，就更加恶作剧似的捉弄她，故意向她揭露他自己以前的一些败坏行为。

有一次，拜伦看见安娜贝拉在切面包，他一把把面包刀抢过去说:"嘿,你看这把刀,我曾经想要把它刺进自己的胸膛里,可惜没有成功。你说我这次能成功吗?"说着他把刀拿起来,假装要朝胸口扎。

安娜贝拉吓坏了,她惊叫起来:"上帝啊!你要干什么?你想自杀吗?快把刀给我拿下来。"

拜伦一脸坏笑地说:"那你那么想要刀,不如我把它刺进你的心口,看看血流出来时是不是像红酒一样美丽。"

"你这个疯子,简直无药可救。"安娜贝拉知道她被拜伦愚弄了一番,很生气。

在几番痛苦的较量之后,安娜贝拉意识到了她根本无法改变丈夫的想法,他就像是注定要下地狱的那群人,他有反抗宇宙暴君的愤怒,他也有绝望堕落的无奈。

这样的婚姻是悲惨的。他们志不同道不合。两个人的强烈反差的个性,就是这痛苦的根源。拜伦觉得妻子是一个让人感到乏味的女人。

他喜欢的是漂亮的轻浮的女人,是风情万种的女人。可是安娜贝拉却中规中矩,性格严肃。她就像修女一样保守。

拜伦常提到奥古丝塔,安娜贝拉为了讨好拜伦,于是答应拜伦去拜访奥古丝塔。她没有想到,这次的拜访将带给她一生的耻辱和愤恨。

当马车在奥古丝塔家停下来时,安娜贝拉注意到拜伦似乎有点焦急。等奥古丝塔下楼后,两个女人就互相观察对视了好一段时间。当天晚上,甚至以后在奥古丝塔家的每个晚上,对安娜贝拉来说,真是一场场噩梦。

每次安娜贝拉去睡了以后,拜伦还坚持和奥古丝塔留在客厅谈话。要是安娜贝拉不愿意先去睡觉，拜伦就会故意羞辱她，激她去睡觉。

他经常对她说："我的妻子，现在我们这里不需要你，你请吧！你没发现你在这里是多余的吗？我和我的姐姐需要自由的空间聊天。你不要像间谍一样盯着我们好不好？"

安娜贝拉无辜地说："难道我不能陪着你一起聊天吗？我也是你的妻子啊，我也希望和姐姐多聊一会儿啊！"

拜伦不屑地嘲讽她："你以为你能跟我们谈论共同的话题吗？我们对你那套'上帝'的理论不感兴趣。你还是不要在这里扫兴了，快点到睡梦里跟你的'主'祈祷吧！"安娜贝拉就这样被羞辱着回到房间休息去了。

有时，拜伦也会把奥古丝塔弄得无地自容。有一次，他在妻子面前，露骨地询问奥古丝塔说："亲爱的姐姐，还记得我在纽斯台德城堡居住时的样子吗？那时候我们多快活啊！你那时候只有19岁，我才15岁。那时候你是那么迷人，就像圣洁的花一样芬芳扑鼻。

"我真的从那时候就喜欢跟姐姐在一起玩，因为我们看起来那么相像。你是我见过的最完美的女人。哪像安娜贝拉那样，天天把自己搞得像女神似的。我最讨厌她伪善的样子了。还是姐姐对我最好，她要是能有你一半儿温柔可爱，我就心满意足了。"

奥古丝塔的心地很善良，她不想使安娜贝拉受到伤害，因此她说："快别说这些了，你的妻子听见会不高兴的。我是你的姐姐，当然要照顾你、爱护你了，谁让我比你大呢！现在你结婚了，就不能像小孩子那样缠着姐姐了。你要爱你的妻子，她真的是很不错的姑娘。她比我更好，她也比我更爱你！"

有一次，拜伦因为一件小事又和妻子吵嚷起来："你这个笨手笨脚的蠢女人，你怎么会把我的书稿弄乱呢?！你知道吗，那是我的心血！你伤害它们就像伤害我一样。"

安娜贝拉眼里含着泪说："对不起，我不是故意的，我是帮你抄写那些书稿，希望它们看起来更整齐，是风不小心把书稿吹落一地的。真的对不起，你不要生气了。我一定会帮你整理好的。"

奥古丝塔马上赶过来劝阻拜伦说："不要这么跟安娜贝拉说话，她也是好意帮你抄写书稿的。你作为一个男人怎么能和女人争执呢！就算是有错也是你的错。安娜贝拉对你那么好，你怎么能责备她呢？这样做太不应该了！"

奥古丝塔把安娜贝拉搂在怀里说："对不起，我弟弟太失礼了。你别生气了。我知道你是受委屈了，希望你能原谅我这个没有礼貌的弟弟。"

安娜贝拉说："姐姐，你帮帮我吧，我真的不知道怎么做他才能满意，我怎么做他才能对我好一点。"

奥古丝塔说："你想要他爱你，就要先了解他。男人都像孩子一样，他们是害怕被束缚和管教的。你千万不要把自己放在教导者的地位，也不要试图去让他改变什么。他不喜欢你管着他。发挥你温柔的女性魅力吧，他对温柔妖娆的女人没有免疫力。你不要天天板着脸，多微笑，多风情一点儿，他会更爱你的。"

安娜贝拉说："谢谢你，姐姐。我觉得他喜欢你比喜欢我更多一些。在你面前，我自惭形秽。他总说我不如你好。"

奥古丝塔说："那是因为我们从小在一起时间长了，他总是把我当成母亲一样的角色。你们长期待在这里也不太合适，最好你们还是能早点回自己的家，他看不到我了，也就不会像孩子一样撒娇了。"

接下来的时间她们就不停地劝慰拜伦，让他早点动身和安娜贝拉一起回家。拜伦终于慢慢接受了她们的意见。拜伦一家离开后，安娜贝拉不但和奥古丝塔一样松了一口气，也盼望拜伦回家后有所改变。她以为由于肚子里的小孩将要出生，拜伦的坏脾气会有些改变。

拜伦和安娜贝拉的关系越来越糟糕，因为拜伦不爱她。可怜的安娜贝拉，无论怎样努力去了解拜伦、取悦拜伦，都无济于事。拜伦对别人说："安娜贝拉的镇定和自我控制的能力，使我厌恶。每次我生气时，她都能控制自己，使我更加愤怒！"

他们的婚姻从开始就走错了，他们的心不在一起，他们的爱永远不可能在一起。他们虽然是夫妻，可他们的爱咫尺天涯。

永远不相见

1815年12月10日下午13时，安娜贝拉——拜伦的夫人，生下了一个女孩。小孩被命名为奥古丝塔·艾达。然而，孩子的出生，并没有给安娜贝拉带来一点希望。即使拜伦很疼爱这小孩，他仍旧没有因为小孩的缘故，而想挽回他们失败的婚姻，反而对安娜贝拉越来越坏。

在极端失望的情形下，拜伦夫人考虑到一个可能——拜伦会不会有点精神失常，才对她这样？于是她积极地去搜寻拜伦精神失常的证据。

这一天，安娜贝拉接到了母亲的信，信上说：

亲爱的女儿、女婿，我诚心邀请你们带着孩子来我这里住几天，我很期待见到我那可爱的小外孙女。你们快点来吧，我已经为你们准备好了一切，就连孩子的小床和小被褥都一起弄好了。

安娜贝拉拿着信高兴地跟拜伦说："亲爱的，我的母亲来信了，她邀请我们去她那里住几天，她也想看看小外孙女呢！"

拜伦连头也没抬就说："你去吧，带着孩子一起去。我没有时间，我还要写东西呢！代我跟他们问好。"

安娜贝拉很诧异地说："你让我带着孩子自己回娘家吗？我才生完孩子几天啊，孩子这么小，还没满月呢，你不陪着我们，我们怎么去啊？"

拜伦说："这一路都有车，要不然给你们找个保姆照顾。你要去就赶快确定日期，最好就这几天。这孩子天天哭闹，我受够了！你们快点离开，好让我能安静一会儿吧！现在我这里也没有什么钱，债主在四处逼债，我也没有多余的闲钱养活你们了，说不定债主明天就会来这里搬东西。趁着他们还没来，你们快点走吧！我先去伦敦办点事，然后再去找你们。"

虽然她同意了拜伦的意见——先回娘家等候拜伦去伦敦办完事，再一起搬到开销较小的地方去居住。然而，她却一再拖延回娘家的时间，以便证实她自己的假设。拜伦渐渐发现他的妻子正以一种怜悯和焦急的眼光注视着他，因为安娜贝拉确信拜伦精神出现了问题。拜伦对于妻子一向自以为是的样子更厌恶了。

安娜贝拉回娘家之后，她的父母发现了她的异样。她原来像苹果一样红润的面颊看起来异常苍白；她原来肥圆丰满的身体变得瘦弱不堪。她沉默不语，正表示着她内心的不幸。

她的母亲问她："安娜贝拉，你最近怎么了？你怎么变得这么瘦弱，脸色也苍白难看，到底出了什么事？拜伦怎么没跟你一起来？你们之间发生什么问题了吗？快告诉我，是不是他把你折磨成这个样子的？"

她尽可能不让父母知道她和拜伦的情形。她含含糊糊地说："我，我不知道该怎么说。或许我根本不了解我的丈夫。他总是喜怒无常的，无论我怎么劝说他都没用。

"他就像是被魔鬼附身了似的。发脾气的时候特别吓人，摔坏杯子是最正常不过了。有时候他甚至会拿刀子比划，说不知道刀子插进我的心口，血流出来是不是和葡萄酒一样迷人。"

"我劝不了他，他总是说我没有他姐姐奥古丝塔好。我做什么事情他都不满意。虽然我爱他，可是我真的有点接受不了他疯癫的样子。我怀疑他的神经不太正常。"

她随口说出了自己和拜伦之间的生活问题，马上又后悔了，因为她知道她的父母不能像自己一样饶恕拜伦。不过，话既然说出去了，也收不回来。

她的父母听了女儿的这番话之后非常气愤。她的父亲说："这是个什么样的男人啊！简直就是疯子啊！我可怜的女儿竟然被他折磨成这个样子。"她的母亲也说："真是太过分了，敢对我的女儿这样无礼。我早就说过，这个家伙靠不住，真不应该同意把女儿嫁给他。"

她继续说："安娜贝拉，我可怜的孩子，这样的男人不配做你的丈夫。他借债那么多，还被债主逼得东躲西藏的。我们这样的人家，我们这样的身份，怎么能和他这样的'混混'搅在一起呢?！赶快离开他。你后半生的幸福一定不在他身上。不要再回去见他，除非他能到这里来跟我们解释清楚。"

安娜贝拉与一位精神病学专家研究后，唯一的希望也失去了，因为从安娜贝拉提供的资料中，找不出一点拜伦神经错乱的证据。精神病学专家说："尊敬的夫人，从您提供的材料，我们不能认为你的丈夫有精神类的疾病。因为从诊断学的标准来说，他不符合精神病确诊的标准。"她也明白，唯一避免自己再受折磨的方法，就是和拜伦分居。

她听从父母的建议，答应在一份要求分居的文件上签字，但是，她极感矛盾和痛苦。因为她是爱拜伦的，她并不想离开他。可是拜伦不爱她，拜伦总是想尽办法折磨自己。只有离开才能让自己的日子过得安稳一些。

当安娜贝拉家的朋友，把这一份分居协议书交给拜伦后，拜伦非常激动。他拿着信激动地说："什么，她要和我分居？她竟然要和我分居！这简直太过分了！这，这一定不是真的，这是你们合起伙来骗我的吧？我要亲自找到她，当着她的面对质！"

安娜贝拉的朋友说："你不要这么激动，安娜贝拉是不会再见你的，你已经把她的心伤透了！你当初那么对她，没有想到她会因此离开吗？你还是放手吧，反正你也不爱她。再这样下去，会给你们彼此带来更大的伤害。"

奥古丝塔听到这消息后，也曾写信劝阻安娜贝拉："我可怜的弟媳，我知道你一定是受了莫大的委屈才决定这样做的。我替他向你道歉。我知道我的弟弟一定是不小心冒犯了你，你还是原谅他吧！我向你保证，不会再让他那么欺负你了！你给他一次机会，也是给自己一个机会。你们的孩子还那么小，你怎么忍心让孩子这么小就没有父亲在身边陪伴呢？希望你慎重考虑和拜伦分居的事情，这对于你们的婚姻来说，是致命的决定。请你三思！不要被其他人所蛊惑，我相信你还是爱他的。"

安娜贝拉去意已决，她写信给奥古丝塔说："姐姐，你不要再劝我了。这么长时间以来，我和他过的是什么日子想必你也是知道的。

"他就是个疯子、魔鬼！我拯救不了他，他天生就是魔鬼！我再和他待在一起也会被他拖入地狱的。我跟他过日子简直生不如死。"

"他四处借债，债主逼得我们东躲西藏。我受够了这样躲躲闪闪的日子，我再也不想看见他拿着刀在我眼前晃来晃去。我相信，这是上帝的旨意,他要拯救我这个可怜的孩子。所以我必须离开他!"

拜伦并不想和妻子分居,因为他想让她为他再生下儿子继承遗产。他给妻子写下了这样的信:

> 我能够说的似乎是废话,我已经说的一切恐怕也是无用的。然而在我希望的残骸沉没之前,我仍然死死抱住她不放。难道你同我在一起不曾有半点幸福吗?难道你从来没有说过你是幸福的吗?难道我们之间不曾有过爱情,不曾有过最热烈的相互恩爱的表示吗?或者说,在一方面,而且常常是在双方面,难道真的连一天也没有发生过这种爱情么?

他想得没错,安娜贝拉没有被这样的祈求打动,她坚持寸步不让。因为她笃信宗教,她得到的是神的指引,所以她必须离开他。1816年4月21日,他终于签署了同意与安娜贝拉分居的文件。拜伦的初次婚姻就这样失败了。但是婚姻的失败也不能完全指责拜伦。或许他是有过错,他不应该为了结婚而选择自己不爱的人。但是安娜贝拉也是有责任的,她在没有确定自己和拜伦之间是否存在爱情的情况下就草率地和拜伦结婚了。

可是拜伦在失去安娜贝拉时又觉得她是那么的可爱,原来自己的内心还是很眷恋她的。

第二次旅行

伟大的罗马帝国的罗马人，是从北欧的冰雪中向往着南方的阳光而南下的，他们是勇敢的人。

拜伦眷念南方也有很长的一段时间了。他从地中海旅行回来后，住在浓雾中的伦敦，拜伦在伦敦的家里说："这么阴暗的冷天，不能写诗！我想再到阳光灿烂的地方去！"

那里有蓝天碧海，成片的橄榄树林，还有温暖的阳光。而夜晚更美丽得不得了，清爽的夜空繁星点点，明亮皎洁的月光与之遥相辉映。这是他梦寐以求的南方。

清爽的湖畔的夏天，一到9月，就变成寒风阵阵的秋天了。到10月，阿尔卑斯山顶上积雪渐渐变得深厚，从山上吹下来的风已经带有浓浓的寒意。怕冷的拜伦便催着霍布豪斯说："走吧！"

10月初，6匹马拖着拿破仑式马车，辘辘驶过了瑞士山路。两人之外只有一个忠实的仆人弗列查。

海风及浮动的船，勾起拜伦无限的回忆。然而，他明白这次的旅行已和前次截然不同——他已改变了许多，而且也更成熟了。他虽明白自己的生命已达到某一阶段,但是,并没有预见到日后他将会有更成熟的作品出现。离开英国越远,他越感觉到无限的自由。

这是1816年4月。连拜伦自己也没有想到,他这一次是永远地离开了英国,从此再也没有回到故土。

到积雪的辛普朗山间的时候,拜伦和霍布豪斯照例想用小刀在岩壁上刻下名字,但是找不到合适的岩壁,无奈之下只好在纸片上写下各自名字,藏在路旁的石头下面,作为自己曾经来过这里的见证。

越过山顶,眺望远方,看到在脚下的北意大利平原和点缀在平原上的白墙屋舍,以及遍布在缓缓起伏的丘陵之上的葡萄田的时候,拜伦叫了起来:"意大利!我来了!"这喊声充满了兴奋和激动。多少年来的魂牵梦绕的梦想,终于在这个时候实现了。

他们先来到了北意大利的首府米兰。这时候意大利受奥地利的统治,已经被分割成几个小国,臣服于外国的君主。他们呻吟在专制暴政重压之下,米兰人民过着被压迫和被奴役的日子。

拜伦的同情心,从进米兰城的那一天起就泛滥起来。他全力倾注于那些为民族解放运动战斗的爱国志士身上。这些为自由而战的勇士们,组织各种各样的秘密团体,进行推翻外国暴政统治的策划。

拜伦这个时候写的诗,常常是为民族独立和个人自由服务的慷慨激昂的进行曲。他来到意大利的米兰,对于米兰爱国志士来说,是从天而降的巨大福音。而现在亲身接触到民族解放运动的拜伦也从中深刻地了解到民族解放斗争的艰难和残酷性,也对尔后他的诗歌创作注进了一股生气勃勃的力量。

他之所以后来能够成为欧洲大陆民众解放运动的象征，成为万众瞩目的英雄，也正是由于他曾经来到革命爆发前的意大利，在这里接触到了在痛苦和穷困之中顽强斗争的爱国志士。

在米兰，拜伦会见了当过拿破仑秘书的德·别尔，听到了自己的偶像那位大英雄拿破仑的许多奇闻逸事。他特别感兴趣的是关于拿破仑手下名将涅元帅的故事。

拿破仑失败后，涅元帅以叛逆的罪名被枪杀于巴黎。他的妻子来到米兰，叫石工在墓碑上刻下一句话："36年的光荣——一天的过失。"

在奥斯坦德上岸后，拜伦坐在拿破仑式的马车里，向比利时首都布鲁塞尔进发。法国政府把他当作"思想危险分子"，不准他入境，他便想从比利时溯莱茵河到瑞士去。

来到布鲁塞尔，他的马车坏了，只好留在这里修理。托这点福，我们今天才有了《恰尔德·哈罗德游记》第三章第十七节以下关于滑铁卢的诗。因为他利用修理马车的时间去凭吊了滑铁卢战场。

他从本地的乡民那里买到哥萨克骑兵的马，骑着马去寻访一年前的战迹。他所崇拜的伟大英雄就在这片空旷而平凡的原野上，枉然断送了半生的雄图壮志。想起来，事业功名都是梦，荣誉名声尽是空。

他想着打倒了一个独裁者而又出现了几个独裁者的欧洲政局现状。以暴易暴，古往今来的政治莫不如此。他掉转马头，高唱着土耳其的军歌回布鲁塞尔去了。

沿莱茵河向东，他看见周围到处都是拿破仑的遗迹。那些运河、桥梁、道路、纪念塔等都刻有NB字样，即拿破仑·波拿巴的缩写。

看见莱茵河畔的古堡和田野里的葡萄藤,他作了一首短诗,摘下路旁的鲜花,寄给奥古丝塔。

拜伦向往欧洲南方的温暖,因此,他决定在日内瓦稍事停留后与霍布豪斯会合,再到他的目的地——威尼斯。不过,他的原订计划仍然是要在时机成熟时,到地中海的东岸去。

幸福在威尼斯等待着拜伦的到来。就算不是拜伦,无论是谁,到了威尼斯的人也没有感觉不幸福的。

拜伦到威尼斯的第一件事就是处理他的金钱。他希望能还清债务,他准备把在英国的房产纽斯台德委托韩生律师卖掉,这样他才有足够的费用能在国外舒舒服服地生活下去。

这座城市热闹非凡的日子已经过去 300 年了。从 12 世纪至 15 世纪的 300 年间,它是东方各国和西欧各国进行贸易的中心。它作为握有地中海海权的大共和国而威震全欧,每年的财富输出输入达到 5000 万元的巨额,纯利达到 2000 万元。当时的盛世在经历过 300 多年之后依然在这座岛上城市中留有遗迹。

这里的美景在拜伦看来都是新鲜的,美妙的景色让拜伦目不暇接。378 座桥,150 条运河,装饰着圣马可广场四周的总统宫殿、市政厅、大教堂、商店等。街道各处还有像宫殿一样的富商宅邸。

这里是水上的城市,驶过运河的小船可以平添不少旅行的乐趣;这里温暖的气候以及用美妙的温柔的声音说话的意大利少女都让拜伦非常着迷。

这里没有英国那种伪善和传统习性的压制,人们能充分体验到生活的欢乐。这里有 8 个大剧场夜夜欢歌,让人流连忘返。而且,他在这里不像在瑞士那样有许多英国人从对岸用望远镜来偷窥他的家。

拜伦开始感觉到身心无限的自由。在他看来，这里的一切都是诗、是画、是美丽的乐章！

11月25日他写信给伦敦的墨瑞说：

> 威尼斯正使我得到我所预期的欢悦。而我是预期得很多的。我爱小船里的昏暗的阳光，爱运河的沉默。市内的荒墟也不讨厌。况且狂欢节快要来了。由于好奇心，我在学这个地方的方言。我感到完全的满足。现在我连"满足"也找到了。

在这个新的环境里，拜伦没有开始动笔，因为，他总是要等到遭受挫折或不幸时才有灵感，现在他却生活在十分舒适的环境中。

在这里，意大利人的爱情观令拜伦惊讶和不可思议，在威尼斯，每个女人至少有一位情人。那些只有一位情人的女性被认为是贞洁的。他们每年都会举行盛大的狂欢节。在狂欢节上，他们会交换情人来获得快乐。

他们这种坦白而不虚伪的态度，比起拜伦的家乡人——英国人——的情感来，更让拜伦欣赏。因为英国女人大多数都不会承认自己有情人，有多个情人的女人会被人们认为是荡妇。

他的心情在这样的放松的环境中变得快乐起来，拜伦深陷在这种欢乐中不能自拔，长时间的纸醉金迷，让拜伦的身体受不了了。他病倒了，这时他才反思，自己这段时间过得有点太荒唐了。

他虽然一直提到来年春天要回英国的事，不过，他仍旧认为他留在英国的时间——尤其以最后一个月——最为痛苦。

那时尽管奥古丝塔一再要努力地撮合他们夫妇和好，但拜伦却向奥古丝塔表示：

> 我对她没有任何怨恨，然而，我却觉得受到严重的伤害。她是一个傻瓜，我只想对她作这样的评语。

拜伦一想到女儿被安娜贝拉带走，就更加对他的妻子不能谅解。

有一天，当他同霍布豪斯骑马到乡下去时，他们遇上了两位乡下女子，拜伦和其中一位已经结过婚的女子感情日增，但霍布豪斯却没有这种机会。

拜伦认识的这位女友叫玛格利特·康妮。她的丈夫是一个脾气暴躁的面包师，这位康妮女士热情而大胆，对拜伦和其他女人的关系一点都不嫉妒。而且，她很有自信，认为最后的胜利还是她的。

拜伦与霍布豪斯在意大利过得十分惬意。每日当河水涨高时，他们就坐着船在运河上缓缓划向远方，去享受微风和夕阳的情趣；有时也骑骑马。

春天的时候，拜伦的身体有所好转，他接受了医生的建议去了罗马换换空气，换换心情。在结束了和情人之间的关系之后，拜伦无所牵挂地去了罗马。他在瞻仰伟大的罗马建筑葬地圣克罗采寺院时写下这样的诗来歌颂它：

> 在圣克罗采寺院的神圣公墓，
> 偃卧着使它更加神圣的尸骨；

这些遗灰本身便是不朽的神物；
除却往昔的记忆，一切化为虚无。

他们是崇高的巨人所遗留的渣屑，
而那些巨人早已沉入混沌的冥府。
米开朗基罗和阿尔菲爱里都睡在此处；
灿如星斗的伽利略，连同他的苦楚；
马基雅维利也在这儿返回他出生的泥土。

这四颗心灵，像四大元素一样，
具有不断从事创造的威力；
意大利呵！时光老人曾经委屈了你，
在你的黄袍上划出一万道裂隙。

但他过去不曾，今后也不会让其他地方
出现"从废墟里跃出天才"这样的奇迹；
你的废墟遗址仍然充满着神力，
这神力给它镀上金光，使它恢复生机；
你今天的卡诺瓦，和古代的大师们并肩而立！

　　他经过意大利北部的城市斐拉拉时写下了《塔索的哀歌》一诗。在那里还悼念了意大利诗人阿里欧斯多。

　　在罗马，他依然像往常一样骑马游历。那个曾经称霸欧洲的罗马此时已经只剩下几根圆柱和基石，一片瓦砾之间还有几棵枯树在风中坚强地站立着。这番残败的景象让拜伦感慨万千，他伤感地悼

念着这个曾经强盛一时的帝国。他诗兴大发,写下了悼念罗马的诗句:

> 从人类的全部历史得出一条教训:
> 一切都只是旧事的往复循环。
> 先是自由,然后是光荣,当光荣隐退,
> 便是财富、邪恶、腐败,而归于野蛮。

难舍难分的友情

拜伦到日内瓦的时候，是1816年5月25日。走进旅馆，在旅客簿上签名的时候，年龄栏内，他写着"100岁"。

他在到达日内瓦的第二天，就去找一处能度过炎夏的别墅。8天后，当他和波里托里医生从船上走下来时，正好克莱尔和她母亲玛莉及诗人雪莱也在附近，于是文学史上的两大诗人，终于在日内瓦的湖上会面了。

拜伦这时候28岁，雪莱比他小4岁。雪莱当然读过拜伦的作品。拜伦那时候也读了雪莱的杰作《麦布女王》，因而了解他的诗才。

顺便介绍一下雪莱。他也是英国浪漫主义诗歌的又一位伟大诗人，与拜伦堪称"诗坛双璧"。他们都外貌俊美、情感丰富，热爱自由，敢于反叛。他们都因个人生活遭受社会舆论攻击被迫流亡，他们都英年早逝。他们的本人与诗作同样具有浪漫色彩。

拜伦一见到雪莱就被他深深地吸引住了。拜伦认为雪莱是非凡的天才。他觉得雪莱是胜过自己的伟大诗人。雪莱那时候还没有成名，而拜伦的名声已经轰动了全世界。虚心而胸怀坦荡的雪莱，完全承认拜伦的天才。谦虚的他，对于自己的天才没有自觉，所以他从心底里敬重拜伦。

虽然他们刚见面时有些拘谨，可是一旦谈到文学方面的事时，陌生的感觉就消失了。两人畅谈甚欢，几乎忘记了时间。从此他们就结为莫逆之交。

雪莱在日内瓦郊外、莱蒙湖东岸租下农人的房子。拜伦随后在他们房子的上方租下了叫作狄沃达蒂山庄的美好住所。他从5月至10月都住在那里。

他们都热爱思想，赞成自己的政治观点。他们认为滑铁卢战役开始了仇恨反动的时代。

从这时候起，成为英国文学史上光辉一页的两大诗人的友情开始了。然而他们却是那么的不同，就像是一个在南极一个在北极一样。但是或许就是这样迥然的不同，才让他们真正地发自内心相互吸引。

拜伦的特征是像迪斯累里所评论的"可惊地富于常识"。他本质上是现实主义者。他有着客观地观察现实社会的能力。所以他有一双明察秋毫的慧眼，也有批评社会的力量和勇气。这是他作为讽刺诗人超过蒲柏，作为人生批判的诗人而独闯英国文坛的缘故。他也写过浪漫诗，他也有浪漫主义的一面，但这和他的正视现实并不矛盾。

他在浪漫的时候，也不会损坏事物的客观性。他有着非凡的实际活动能力，在风云际会的时候可以扮演一出伟大话剧的主角。

泰纳评论说：

> 事实上，他如果做海盗领袖或者做中世纪掳掠武士的

酋长，会更加适当些。除了在意大利时期的两三篇诗以外，他的诗和行动，都像移植在近代社会中的古代北欧吟唱诗人。他在过于规律化的近代社会中，不能找到适合于他的位置。

雪莱最爱说神。他以无神论者自命，但是像他那么富有宗教情操的人是很少的。他努力想驳倒拜伦那种嘲世而怀疑的人生观。在他看来，宇宙就是"美"，"美"存在于伟大的和谐中。他认为用"美"和人类内心的"善"去同物质、同社会战斗，便是人生的真谛。

可是拜伦认为，这种单纯的孩子般的想法，不能成为改造人生的力量。在他看来，人类是恶的、丑的。他的心里相信有神，他只是愤恨着神造出这么坏的人，造出这么丑的社会。

雪莱认为女性是美和善的化身。拜伦却把女人当作令人厌恶的东西存在，他认为女人只不过是享乐的对象。雪莱倾慕女性，拜伦却轻视女性。

雪莱的内心全没有私欲、私利、杂念、肉感等。他被少女和少男所喜爱，孩子们常叫他"空气的精灵"、"精灵大王"、"淘气鬼大王"等。他又以"水的天使"这个称号闻名。

雪莱总是以游离于现实之外的理想的形式存在着。他彻底地从纯真和美的观点去看人生。在他看来，"人之初，性本善"。从现实生活看来，再没有像他那样"缺少常识"的人，同时，也很少有像他那么美、那么清纯的人。他真的就像不小心坠落凡间的天使一样让人怜爱。

然而他们倾谈着，不知道疲倦。艺术家的雪莱，虽然一时难以接受拜伦那些尖刻的意见，但是又不得不陶醉于他的文章所表现的美。

雪莱少年般的纯真感情刺激了拜伦，使他不由得诗意大发。他由于这位天才的刺激，觉得内心的创作情绪像清泉一样奔涌出来。因此，他在滞留莱蒙湖畔的不长的日子里写出了许多名篇。

他和雪莱共同买了一艘小乌篷船，去探访环湖的城池。对岸的洛桑不正是杰出的历史学家吉本编纂《罗马帝国哀亡史》的地方吗？他们结伴到吉本的故居去游览。

拜伦想象着吉本完成了 23 年的大业，写完最后一页的最后一行文字之后，走出庭园，仰望星空，注视湖水和那些有名的刺槐树的情景，便觉得心潮澎湃，摘下几片刺槐树的嫩叶小心地藏在怀里。

雪莱却觉得对吉本的尊敬已超过了比他更伟大的其他人，这样做似乎有些不妥。他在想着日内瓦市内卢梭的坟墓。

他们又去看对岸蒙特勒附近的锡雍小岛——实际上是一块岩石。在岛上至今依然存在的古堡中，曾经囚禁过瑞士的爱国志士庞尼瓦。

拜伦看着这个阴惨的土牢，想起为民族自由而受苦一生的战士，不由得感慨万千。他觉得自己也应该像他那样，为民族解放运动贡献点什么。当然，他不希望他贡献的仅仅是慷慨激昂的诗篇，他还希望能真正地像拿破仑将军那样，征战沙场，为民族解放流血牺牲。

拜伦回到家里仍然思绪万千，他一夜间写成了著名的《锡雍的囚徒》：

　　我的头发已灰白，
　　但不是因为年迈，
　　也不是像某些人那样骤感忧惶。
　　一夜间变得白发斑斑，
　　我的肢体已佝偻但不是因为劳累，
　　漫无尽头的歇息耗尽了活力，

是地牢的囚居把它摧毁。

因为我一如其他的死囚犯,
注定与明天的天地绝缘。
身上戴镣铐,门上有铁栏。
仅仅是因为我父亲的信仰,
我就在这里受禁,渴望死亡。

我的父亲在烙刑之下死掉,
因为他不肯放弃自己的信条,
也是因为同样的缘故,
我们全家身陷囹圄。

我们全家七个人,现在只剩一个人。
六个年轻的,一个是老年。
立场始终如一,从未变心。
你磅礴的精神是永恒的幽灵!
自由呵,你在地牢里才最灿烂!

因为在那儿你居于人的心间——
那心呵,它只听命对你的爱情;
当你的信徒们被带上了枷锁,
在暗无天日的地牢里牺牲,
他们的祖国因此受人尊敬,
自由的声誉随着每阵风传播。

> 锡雍！你的监狱成了一隅圣地，
> 你阴郁的地面变成了神坛，
> 因为伯尼瓦尔在那里走来走去，
> 印下深痕，仿佛你冰冷的石板。
> 是生草的泥土！别涂去那足迹，
> 因为它在暴政下向上帝求援。

拜伦这首诗就是从一家革命者被迫害写起，把瑞士这位爱国志士家庭被迫害，妻离子散、父亡母逝的悲惨境地描写得非常生动；把他们在监牢里受尽折磨，有的甚至被迫害致死的场面写得非常逼真；写他们没有畏惧没有退缩，依然坚持信仰、坚持民族解放运动的决心是那样决绝。

拜伦是发自内心地崇拜他们，拜伦在诗句的字里行间中对他们表达了无限敬仰之情。或许拜伦从这个时候起，就有一种想法，也要在将来像他们一样为希腊的民族解放运动贡献力量。这就是拜伦经多年的游历而真实有感而发的文章。

写完了这首诗之后，拜伦听雪莱说："您应该读一些英国湖畔诗人华兹华斯的诗。他的诗可以让你变得安静和平和。你平时脾气太急躁了，你也总是觉得世人都是邪恶的。你应该多看看好的诗文，多接触善良的人，那样你或许能发现一个不一样的世界。你总是在自己的世界里看问题，很容易让自己陷入泥潭。"

拜伦说："我不屑读他的诗。我觉得他那样的诗人写的东西温暖得像春风一样，一点儿也不适合现在这样的国内形势。他写的东西是给那些生活安逸的富商们看的。而那些生活在社会底层的人们是需要激昂的文字让他们觉醒和爆发的。"

雪莱说："或许你应该看看他的诗，因为你需要了解英国全部的东西才能更好地进行创作。"

拜伦说:"好吧,也许你是对的,他的诗是应该好好看看。就算是真觉得不好,也能从中了解到追捧他的人是为什么追捧他。或许我确实太犀利了,应该改改脾气,要不然和你这样'天使精灵'一样的人待在一起都有点格格不入了……呵呵!"

拜伦听从了雪莱的建议,开始读英国湖畔诗人华兹华斯的诗篇。拜伦曾在年轻时写的《英格兰诗人和苏格兰评论家》中痛骂过华兹华斯。但是,饱尝了人世酸辛,感受了众生之相之后,在这幽静的湖光山色之间,他才在华兹华斯温柔的作品中,感受到内心的沉静。

创作《曼弗瑞德》

一部艺术作品总是产生于给肥沃的土壤追施肥料的过程。在拜伦这里，肥沃的土壤是现成的，土壤里有着烈火的雄心壮志。在他一直压抑的感情里，早就缺少那样发泄的窗口。

当诗人马修·路易斯来看拜伦，把歌德的《浮士德》翻译给他听时，拜伦惊呆了。浮士德的疑惑不正是自己的疑惑吗？魔鬼靡非斯托非勒斯的契约不就是自己的契约吗？而纯洁的玛格丽特的堕落不是也在自己身边发生过吗？

过去一年中，日夜被内心的魔鬼煎熬的拜伦，这时头脑里忽然涌起一个伟大的想象。对着阿尔卑斯山的群山峻岭，他内心的诗意像发酵了的美酒一样飘香四溢，像洪水决堤泛滥到各个角落，从他的心里一直冲到了纸上。他决定要写一部诗剧，这将是一部伟大的著作。《曼弗瑞德》就是在这样的背景下诞生的。

他一边旅行一边花了20天时间，写了剧中的两幕：

曼弗瑞德是阿尔卑斯山中一座城堡的世袭贵族，他性情孤傲，富有，博学，还研习魔法。他为自己曾经犯下的一桩弥天大罪而整天遭受着心灵痛苦的折磨。

在诗剧的第一幕,他像浮士德一样在沉沉午夜唤来大地、海洋、空气、黑夜、山、风等精灵,试图谋求忘却,忘却他自己,忘却他心中的一切。

但是,精灵们虽然能够给予他"王国、权力、力量和长寿",却无法满足他要忘却的愿望。精灵们甚至告诉他可以去死,但死能不能带来忘却。精灵因为自己是永生的,并不能给出令他满意的答复。

他曾站在阿尔卑斯山少女峰的巍峨之巅试图自尽,也曾到阿尔卑斯山幽深的谷地寻求魔女的帮助;最后,地狱之王阿里曼涅斯从墓穴中为他唤来死者阿丝塔忒的幽魂。

原来,曼弗瑞德痛苦、绝望的秘密就在阿丝塔忒身上。他告诉阿尔卑斯山的魔女:"我爱过她,也毁了她!不是用我的手,而是我的心;我的心使她的破碎了;她的心凝视着我的心,凋萎了。"他要亲自询问已故阿丝塔忒的幽魂,他是否已得到了宽恕。

然而,即使地狱之王的帮助也是徒劳的。面对阿丝塔忒亡魂的沉默和叹息,曼弗瑞德最关心的问题"是宽恕了我,还是责备我"并没有得到回答。其实,曼弗瑞德的这种痛苦和绝望,也正是诗人拜伦的痛苦和绝望。因为在某种程度上,阿丝塔忒就是根据拜伦爱恋的同父异母的姐姐奥古丝塔为原型而创造的。

后来,逐渐从地底,从空间,从风中,从星辰的家乡,出现了各种精灵,催问他:"你对我们有什么要求?"

曼弗瑞德只有一句话:"我要忘掉我心里的一切。"

7个精灵齐声回答说:"我们所有的东西——臣民、王权以及指挥'四大五空'的神力——都可以给你。但是,你所要求的'忘却'——忘却自己的力量,却在我们的权限之外。"

这是曼弗瑞德的苦恼,也就是拜伦的苦恼。他不能忘记可爱的姐姐,不能忘记从安娜贝拉那儿受到的伤害。他痛苦得要死,但是他又必须活着。

他于是写下曼弗瑞德曾经纵身跃下阿尔卑斯的悬崖而被猎人救起,连死亡他也不能得到。他必须要一直凝视着自己内心的苦痛,而走完地上的生命路程。他去大地和天空的神王那里,要求让他死去的妹妹阿丝塔试活过来再会。她的幻影出现了,只叫了一声"曼弗瑞德",又消失了。曼弗瑞德就是拜伦的化身,他所经历的艰险就是拜伦所经受过的。

这样,他日夜苦恼着。在这简单的情节中,用热情奔放的笔触,描写出阿尔卑斯山的暴风和崩雪,冰河和危崖等。贯穿于整个诗剧的思想就是"自我",就是曼弗瑞德的强烈个性。罪恶是我的罪恶,悲哀是我的悲哀,苦恼也是我的苦恼。而最后,古堡高楼上曼弗瑞德的死也是"我的死"。他拒绝了这时出现的老僧劝他忏悔以便进入天国的说教,更斥骂了魔鬼对他的欢迎。

他对魔鬼说:"和你比起来,我的罪恶算得了什么?难道罪恶必须由另外的罪恶、由更大的罪犯来惩罚吗?"

"只有我自己才能毁灭我自己。"这样说着,他便死去了。他不肯借助神力到天国去,也不肯把灵魂交给魔鬼到地狱去。直至死他都是特立独行的。

这是彻底的个人主义者的死,直至最后也不和宇宙任何东西妥协的"自我"——自我的意志。

《曼弗瑞德》是拜伦思念姐姐奥古丝塔和怨恨妻子安娜贝拉的产物,这是拜伦难以启齿的秘密。只有通过诗剧中的人物曼弗瑞德之口才能表达出这种痛苦。因为他爱了不能爱也不该爱的人。阿丝塔忒和奥古丝塔的形象在他脑海里重叠，就算是死去，也不能阻止这些痛苦的侵袭。

《曼弗瑞德》的完成让歌德也激动不已，他说："我苦于找不到赞赏他的天才的言辞。"这也是对拜伦比较高的评价。

"拜伦式" 英雄

拜伦式的英雄，这类人物的思想和性格具有矛盾性：一方面，他们热爱生活，追求幸福，有火热的激情，强烈的爱情，非凡的性格；敢于蔑视现在制度，与社会恶势力势不两立，立志复仇，因此，他们是罪恶社会的反抗者和复仇者。

另一方面，他们又傲世独立，行踪诡秘，好走极端。他们的思想基础是个人主义和自由主义，在斗争中单枪匹马，远离群众，而且也没有明确的目标，因而最后往往以失败告终。

拜伦笔下最著名的拜伦式英雄要属《海盗》中的康拉德。拜伦是根据他部分的生活经历创造的这个人物。他是一位彪悍、奇特而又孤独的人。

他不是拜伦，他是一位海盗首领。他和拜伦不同，因为他有很好的决断力和执行力。这是拜伦身上不具备的特质，所以拜伦把自己身上不具备的优良特质都安排在康拉德身上。

他身强力壮，他皮肤黝黑，他的外貌和拜伦完全相反，但是他们的性格上有类似的地方。拜伦在发怒的时候就是康拉德。

康拉德就是拜伦创造的完美的自己，他是英雄，但是他是被女人欺骗了的"恶人"。所以他当了海盗首领。

但是他对女人的爱情却是执着的,他和爱人梅多拉的爱情悲剧让人感动。这是一个为了爱情而活着的人,他身上有着炽烈如火的感情。这也是拜伦的爱情哲学。这也是对当时肉欲横流的社会最强烈的批判。

尽管康拉德是个恶人,但是他最重要的品质是给恋人的最真挚的感情。他表达的爱意是这样的:

我对你的爱,就是对人们的恨;
因为爱上了人类,就不能专心爱你。

这是一种爱到极致的人!他在一座海岛的悬崖上面筑起高塔来安置他的爱人,然后独自一人去和官军战斗。很不幸的是他成了俘虏,但是在敌军女奴的帮助下,他又逃了回来。

一个海盗最后能够放弃财富远走他乡,而让他放弃一切的,只是爱人梅多拉的自杀。这样的悲剧让人们扼腕叹息!

《海盗》中拜伦这样塑造了一个海盗的形象:

我的海盗的梦,
我的烧杀劫掠的使命。
暗蓝色的海上,
海水在欢快地泼溅。
我们的心如此自由,
思绪辽远无边。

这里的"海盗"是自由自在的、内心愉快的人。尽管他烧杀抢掠，但是，他觉得自己的人生很自由。

> 广袤啊，凡长风吹拂之地、凡海波翻卷之处，
> 量一量我们的版图，看一看我们的家乡！
> 这全是我们的帝国，它的权力横扫一切，
> 我们的旗帜就是王笏，所遇莫有不从。
> 我们豪放的生涯，在风暴的交响中破浪，
> 从劳作到休息，尽皆欢乐的时光。
> 这美景谁能体会？绝不是你，娇养的奴仆！
> 你的灵魂对着起伏的波浪就会退缩。
> 更不是你安乐和荒淫的虚荣的贵族！
> 睡眠不能抚慰你，欢乐不能感染你。
> 谁知道那乐趣，除非他的心灵受过创痛的洗礼……

这些诗句说的是身为"海盗"生活的自由自在，充满了快乐。但是这种快乐是经历了很多危险和伤痛之后才得来的，非常来之不易。

接下来，拜伦的笔锋一转，又开始记录海盗的战斗生涯。

> 我们不畏死亡——宁愿与敌人战死一处，
> 虽然，没能寿终正寝会让人略觉遗憾。
> 来吧，随上天高兴，我们攫取了生中之生，
> 如果倒下——谁在乎是死于刀剑还是疾病？
> 让那些爬行的人去跟"衰老"长久缠绵；
> 让他们粘在自己的卧榻上，苦度年岁；
> 让他们摇着麻痹的头颅，喘着艰难的呼吸；

我们不要病床，宁可静躺在清新的草地上。
　　让他们一喘一喘地咳出自己的灵魂吧！
　　我们只在一刹那的疼痛中超脱出肉体，
　　让他们的尸首去炫耀坟穴和骨灰瓮，
　　憎恨他一生的人会给他的墓座镶金，
　　而我们的葬礼将伴随珍贵的真情之泪，
　　由海波抚盖、收容下我们的躯体。

接下来拜伦写了战斗之后的海盗有的死去、有的受伤的场景。这让剩余的活着的海盗伤心难过。

　　即便是欢宴也会带来深心的痛惜，
　　在红色的酒杯中旋起我们的记忆，
　　呵，危难的岁月最终化作简短的墓志铭，
　　胜利的伙伴平分宝藏，但却潸然泪下。
　　那一刻，回忆让每一个同伴垂首志哀，
　　那一刻，倒下的勇士得以欣然长辞。

《海盗》手稿交给墨瑞之后，很快出版了，这本书深受读者欢迎，在发行当天就卖了13000册。这对于一首诗来说是前所未有的发行量。这首诗给人们带来的不仅仅是离奇的故事，更重要的是它带给人们情感上的共鸣。

　　人们发现，个人和社会永远是处于冲突状态，可是人们谁也没有勇气真正地与之抗争。一个多世纪以来，他们都没有像康拉德那样像一个真正的男人那样挣脱束缚。

　　他们都非常欣赏康拉德这样的人物。《海盗》的影响力和影响的范围之广让人难以想象，上到年迈的船长、商人、法官，下到普通商贩、男女青年都争相阅读《海盗》。

《海盗》让拜伦的叛逆发挥到了相当高的水平，使拜伦一跃成为叛逆诗人。但是，《海盗》一书在出版时附上了8行与之毫不相干的诗，这就惹恼了摄政王，因为那8句是抨击摄政王变节的短诗。他虽然遭到托利党贵族的攻击，却赢得了一般民众的同情。

他的名声如日中天，海盗康拉德变成了民众的偶像。他的诗篇流传到欧洲各国，人们把拜伦笔下的康拉德视为英雄。拜伦也成为引导世界民族解放运动的领袖。

意大利诗人的影响

在意大利生活和意大利精神对拜伦的影响下，使普通英国诗人拜伦一下变成了伟大的世界诗人。这也是拜伦在世界范围内产生巨大影响力的原因之一。

拜伦前次旅游地中海的时候，已经学会了意大利语和希腊语。这次来到威尼斯以后，他的意大利语的知识更是与日俱增，这样他可以经常阅读意大利的作品。在这些意大利作品中，有3位诗人对他有比较大的影响。

第一个是意大利的诗人卡斯蒂。拜伦在写《别波》以前，读过卡斯蒂的小品故事诗集48篇，他熟读到差不多能够背诵的程度。那是假托着故事来攻击挪揄当时的政治和社会生活的文章。他和拜伦同样是一个叛逆者，他们同样用手中的笔在痛斥着当时政府的腐朽统治。

拜伦在心灵深处和他是一样的人。拜伦看了这本诗集很感动。特别是意大利诗人卡斯蒂拥有拜伦身上没有的那种意大利人的平和。

拜伦的愤怒像火一样，拜伦的憎恶像蛇一样，拜伦的咒骂像毒箭一样。他的讽刺诗代表作《英格兰诗人和苏格兰评论家》痛骂过骚塞和其他湖畔派诗人以及托马斯·穆尔，讽刺诗的文字各个都辛辣刺骨。

他之所以有着那么激进和辛辣的笔法，是因为他生在英格兰，长在苏格兰。这样的血统、这样的生存环境让他有着沉痛、认真、直率的性格，可是他缺乏回头四顾、莞尔一笑的讽刺、反语和谐谑，缺乏用微笑置敌人于死地的功力。

他读卡斯蒂的小品叙事诗，看见了卡斯蒂那种淡定而笑，揶揄讽刺，以朴实平易的日常用语，像闲谈一样剖析深刻的人生问题的冷静风格。

不正面攻击而侧面取笑；不红脸愤恨社会的恶，而以三分鄙视伴着宽恕。不作高高在上的狮子吼，而用小茶室中闲谈式的手法讽刺和挖苦。这是卡斯蒂所教给拜伦的。

把事件正面地、平静地描写出来，不要只是怒吼，而是把舞台里面的机关暴露出来，让人嘲笑和怜悯统治者的愚蠢。拜伦深深感到这是很有效的方法。这种平和的讽刺的幽默更容易被人接受而且会印象深刻。所以他写《别波》，便努力使用平静的闲谈般的态度，来揶揄人类和社会，而把他的真实的心意留给读者去思索。

《别波》节选：

　　我们知道一切天主教国家都兴起过忏悔日，
　　而早在那个忏悔日前的几个星期，
　　信徒们都狂欢后再准备斋戒，
　　也好等到忏悔时有忏悔的事。
　　不论贵族还是平民也不分行业，

人人都在吃喝玩乐包括跳舞。

还有其他花样，

只要你想得出！

　　这几句就是在讽刺那些基督徒们表面上笃信上帝，实际内心却荒淫无耻；他们是先做错事，然后再忏悔。这样的讽刺的手法，语言充满了幽默感，也很生动地抨击了那些所谓的"教徒"。这就是他语言风格从犀利转向幽默的一个体现。

　　《别波》的另一段也是采用了类似的写法，把贵族们纸醉金迷的生活嘲笑一番。

还有各国奇装异服，

各式各样面具，

古如希腊罗马，

今如美国印度。

小丑和花脸使出浑身解数，

土耳其和犹太服也辉煌炫目，

什么服装都可以，只要你想得出。

除了一样，千万别打扮成传教士，

这些国家，

切不可和神父开玩笑，

自由思想家们，

请记好这一条。

这个节日叫作狂欢节，

可它的意思是与肉食告别！

卡斯蒂的名篇《动物的宫廷和议会》这首政治讽刺长诗，教给拜伦攻击社会制度的新的写作方法，他在《唐璜》里面运用得十分得心应手。

尤其是卡斯蒂题为鞑靼诗的长篇诗体故事，对《唐璜》的影响更大。唐璜受俄国女皇叶卡捷琳娜二世的宠爱而变得神经衰弱的情形，差不多和鞑靼诗异曲同工。《唐璜》第七章"伊兹梅尔包围战"中表述的拜伦的反战论，表现出和卡斯蒂同样的意图。

> 残酷的爱情和诡谲的战争，
> 诗人们怎么说，我已经记不清。
> 但不管如何，它和事实倒相符；
> 两者都为我歌唱，但我要先攻破
> 一座守得轰轰烈烈的名城。
> 俄军正从水陆两面朝他开火，
> 攻城是由苏瓦洛夫担任指挥，
> 他嗜好鲜血，有如郡长吸食骨髓……

上面的诗句就是第七章的部分节选。这样大胆的写法，深得卡斯蒂的真传。再看第八章，他写道：

> 呜呼，火海和霹雷，肉泥和血腥，
> 文雅的读者啊，
> 这些常见的咒语，
> 非常刺耳，实在不适合你们倾听！
> 但光荣之梦就此揭开它的谜题，
> 而这一类事情也正是我的缪斯所要唱的歌。

那就允许他从这里获取灵感吧，
无论它叫什么，
马尔斯、别隆纳……
总之它叫战争！

在热爱自由和憎恨专制统治方面，两人是有统一的意见的。不同的是，拜伦以英国人的大胆著称，他敢于自己正面攻击敌人；反之，卡斯蒂由于长期生活在没有言论自由的专制制度下，他有着受政治压迫的人的共同特点——胆小。他没有同敌人正面作战的勇气，而且缺少拜伦那种英雄的气魄。拜伦从卡斯蒂学到的秘诀，是跟着庄重而纯真的笔调之后，突然笔锋一转，写出意想不到的趣味，使读者痛切之后感到整个事情的滑稽味道。

我们可以在《别波》尤其是《唐璜》中发现，受到意大利诗人的影响之后的拜伦的作品，已经不像《恰尔德·哈罗德游记》那样，读来读去，有着单调、平凡、使人感到厌倦的缺点。他学会了把愤怒和欢笑、憎恨和同情巧妙地交错起来展开在读者面前的手法。

受到卡斯蒂影响的拜伦，不得不进而趋向意大利讽刺诗的鼻祖浦尔契。浦尔契是聚集在佛罗伦萨宫廷里的许多文学家之一。他的长诗，是用来娱乐君主和宫人的作品。

但是他在写作技巧上超出俗流，对拜伦的作风有很大的影响。他使得拜伦缓和了对人生、对敌人的直接攻击，在讽刺诗中混进三分幽默和游戏态度，加上一点宽容和温情。从此以后，拜伦的讽刺诗便摆脱了向来的狭隘和偏激，加进了同情和幽默，增加了读者的普遍性，从而产生了超越民族、超越时代的不朽的诗篇。

第三个对拜伦产生深刻影响的是勃尼。他的流丽典雅的诗体，使拜伦的诗风变得更加华贵艳丽,这才产生了《唐璜》那样宏伟的篇章。

总之,意大利作家以他们的明朗、和平、同情、幽默,缓和了拜伦如秋风扫落叶般的无情,使他那北国的狭隘的胸怀舒展了。拜伦学会了用反语代替痛骂,用揶揄代替憎恶,用自由自在的闲谈趣味去代替形式主义,用千变万化的语言模式去代替激烈、刺激的语调,用劳动人民的俗语和比喻去代替空泛的大道理的说教,用人类最广博的爱去代替英国至上主义的影响。

在他天生的英雄气魄之上,又加上了意大利的温情;在加尔文教的严酷之外,又加上了古代希腊学者的宽容。在他的年龄增长的同时,他在艺术上也逐渐走进浑然纯熟的境地。恰尔德·哈罗德死去了,唐璜生长起来了。

带病坚持写作

1817年12月10日,拜伦得到一个非常令他高兴的好消息。纽斯台德庄园终于以94500英镑的高价,卖给他在哈伦公学时的同学。

此时拜伦总算松了一口气,知道自己在国外的生活将不成问题了,他有足够多的钱来游历,而且那些钱足够负担自己和雪莱以及雪莱女儿的生活。于是,他立即写信给雪莱,答应养育雪莱的女儿,并且叫他们尽早把她带到意大利来。

1818年,新年后的第七天,霍布豪斯和拜伦做了最后一次的骑马活动。第二天早上,霍布豪斯动身回英国,并且把拜伦的一些手稿带给墨瑞。

临行前,拜伦握着霍布豪斯的手,有点恋恋不舍地跟他告别。他想让霍布豪斯知道,自己本来是一个很重感情的人,可惜他的感情都被别人挥霍光了。

霍布豪斯同情地望着他,让他多保重自己。然后他就继续自己的行程。霍布豪斯离去没多久,拜伦因为跟着人们终日狂欢,不小心染上威尼斯社交圈的恶疾——淋病。

拜伦觉得与英国比起来,意大利的物价还是比较便宜,因此他在威尼斯的莫西尼哥租了一栋房子定居下来。3月11日,雪莱和玛莉带着克莱尔和拜伦的私生女爱莉加到了意大利。

5月2日,爱莉加便和护士住进拜伦的新居,拜伦很快就喜欢上了这个小女孩。除了收养爱莉加外,拜伦还雇了一大批仆人,并饲养了一些动物。

他的仆人都是当地的意大利人。他饲养的动物呢?据他写给他喜欢的歌剧明星道格拉斯·肯内耳的信中说:"我有两只猴子、一只狐狸、两只大猛犬……"

霍布豪斯离去后,拜伦几乎和英国人断绝了来往。他的名声却为他吸引来一大批意大利的妇女。虽然他日渐肥胖,却仍旧对她们有极大的吸引力。这些妇人们为他而争风吃醋的事,整条运河都知道了,自然他也成为运河船夫们的话题。

英国人到威尼斯来旅游时,都有一股强烈的好奇心——想看看拜伦,甚至不惜贿赂拜伦的仆人,以求一见拜伦。因此,拜伦在意大利的社交圈里,尽量避免和英国人见面谈话。不过,除了这些小困扰外,他在威尼斯的生活还是颇为愉快的。

拜伦在威尼斯的时候得了很严重的疾病,他在生病期间坚持写完了《曼弗瑞德》的第三幕。这一幕因为缺乏像歌德那样大段的超自然题材的东西而笔墨甚少。例如:

　　两位聚灵就站在天国大门前,
　　这里是中立区,犹如东方的阴阳槛。
　　死神之伟业在这里争辩,
　　以决定亡灵上天国还是归撒旦。

　　魔鬼说:

> 我要向你证明，他生前崇拜我，
> 死后也应当为我尽忠。
> 虽然他不贪恋美酒女色，
> 而得到你和那些家伙的爱宠。
> 但他君临万民也只为把我供奉。

不过从理论上说，曼弗瑞德和死神的对话还是让人们耳目一新。其实这一幕的灵感来自拜伦和修道院院长的交谈。在结尾的时候，因为受雪莱的影响，拜伦在结尾采用了一些形而上学的哲学观点来处理。

天主教牧师主动为他忏悔并且宽恕了他，但是，曼弗瑞德却回答他说：

> 长老！圣人没有权力，
> 祷告者没有魅力，
> 也没有忏悔的形式……

在雪莱的影响下，拜伦开始进行形而上学的思考。就这样，他第一次努力把自己不可战胜的有罪感，同那种摒弃地狱和惩罚的正统观念的怀疑论哲学融为一体。

通过奇妙的拜伦式解决方法，他设法将自己一个人，转变为体系的中心、体系的整体。唯有拜伦曾是拜伦的诱惑者；唯有拜伦会严惩拜伦身上的拜伦；唯有拜伦是拜伦的摧毁者，将是未来世界的拜伦。

拜伦把曼弗瑞德看作是自己的化身，他就是魔鬼，他就是地狱。他不害怕死亡。在剧本的最后一幕，曼弗瑞德对长老说："长老！死并非如此困难。"这就是表明他勇敢的不畏死亡的生活态度。

这第三幕充满了哲学思想，很多人并不能真正体会其中的含义。如果真的了解"形而上学"的哲学观点，"形而上学"是指与辩证法对立的，用孤立、静止、片面的观点观察世界的思维方式。它把事物看成是彼此孤立、绝对静止、凝固不变的，看不到事物的相互联系，忘记了它的产生、消灭和运动，把变化仅仅归结为位置移动和单纯数量的增减，视为外力推动的结果。

我们不对拜伦的这种哲学观点的正确与否作出评价，但是我们要说的是，这首诗的整个道德寓意就在"死不困难"这句话中。

我们能从这首诗了解到，拜伦就是这样一个人：他很勇敢，不愿逃避生活；但是他很疲乏，所以也不害怕死亡。他总是想到死亡，甚至在这不常见的狂欢节中也是如此。

这第三幕是他在疾病中完成的，因此他付出了比前两幕更多的艰辛。但是剧本在1817年在英国出版时，引起了人们对奥古丝塔的猜测，因为她和拜伦的关系就像文章中曼弗瑞德和阿丝塔忒的关系一样。

因为这简直就是公开承认了自己和姐姐奥古丝塔的不正当的姐弟关系，这让奥古丝塔也很苦恼，她不知道在人们问起她时该怎么回答。拜伦的夫人写信告诉她说："你只能以坚定的、不赞成的措辞谈论曼弗瑞德。"

《唐璜》永不朽

拜伦开始专心写他即将要公之于世的一本滑稽叙事诗《唐璜》。他之所以选择这个传说中的无情花花公子作为他故事的主角，是有着叛逆性的意义，并觉得这样做可以加强文章中的讽刺意味。

唐璜本是十四五世纪西班牙传说中的人物，是出名的引诱女性的花花公子，最终的命运是被石像带入地狱。许多作家以此题材进行创作，如法国喜剧家莫里哀写了喜剧《唐璜》，德国小说家霍夫曼写了小说《唐璜》，俄国诗人普希金写了小悲剧《石客》。拜伦笔下的《唐璜》，除了保留原传说的姓名、贵族出身、传说中某些性格特点外，呈现出截然不同的风貌。

因为，他想要借着文章，对唐璜的无情做一次辩解。他认为唐璜之所以有这种个性，不过是环境所造成的罢了。而拜伦能顺利地写成《唐璜》第一篇，不得不归功于他处在意大利这个充满了滑稽剧的自由环境中，以及他自己所接触到的意大利妇女的放荡性情。

11月17日，拜伦在他的遗嘱中添了一条附录，留下500英镑给爱莉加，并且委托韩生先生把一封信交给霍布豪斯和肯内耳，授权给他们，请他们替他处理债务和经营一切财务。

在这同时，他把《唐璜》一书的第一篇稿子寄给英国的朋友，着急地等待着他们的回音。

霍布豪斯和戴维斯看了稿子以后表示："我们读它的时候，一直说：'这不可能被读者和评论者接受！'但是，在我们说不可能的时候，也充满了对你的才智、诗意，以及讽刺意味……的仰慕！"

他们担心这部作品出版后，对拜伦在威尼斯的某些不好名声产生肯定和夸大的渲染。霍布豪斯觉得诗中所说的和拜伦的生活太相近了，而建议他删改。然而，他也承认，必须删改的部分，却又是拜伦才华发挥得最好的地方。

墨瑞的信也寄来了，他似乎很聪明，有意回避直接批评这部作品，只是一再赞美地说：如果拜伦能将《唐璜》书中的不雅部分删除，他的天才将更能为读者所欣赏。然而，他却不为其所动，执意要原封不动地出版《唐璜》的第一篇。

在《唐璜》中，拜伦的讽刺艺术达到顶峰，辛辣尖刻的政治讽刺、诙谐俏皮的嘲弄嬉笑与优美热情的抒情结合完美。

《唐璜》全书一共16章，16000多行，它的长度也是世界诗坛上屈指可数的。而由于内容的广泛和多样化，更使它居于世界文学史上特殊的重要地位。

但是全诗并没有写完整，因为作者还构思让男主角流亡海外参加战争，最后战死沙场。因为拜伦英年早逝，所以全书只写到第十七章的一小段就没有下文，使之成为像《红楼梦》一样令人有遗憾的作品。

作者谴责那些隐居在闭塞的角落的井底之蛙之类的诗人，说他们是受反动统治者雇用，既为统治者歌功颂德，又赞成统治者血腥暴力的政策的统治者的奴仆。他抱怨他们没有凭借自己的良心而写作；他们那些诗人是统治者养的走狗，他们的行为非常令人愤恨！

拜伦所写的《唐璜》故事，先从他的少年时期在西班牙加的斯城长大说起。他的母亲和丈夫分居，独自抚养他。拜伦对这位母亲伊涅兹的辛辣描写，正是对妻子安娜贝拉的声讨。

这位形式上完美无缺的母亲抚育起唐璜。他16岁就开始陷入爱河，他爱上了他母亲的朋友朱丽亚。

朱丽亚23岁，嫁给一个50岁的丈夫。他们两人的非法恋爱被她的丈夫发现了。决斗的时候，唐璜把那个丈夫杀死了。这么一来，不能再让唐璜留在加的斯，他母亲便叫他坐船到外国去。可是那艘船在风暴中沉没了。此处的遇险遭难的描写是一段名文，非常脍炙人口。

> 唐璜神奇般地免于一死，
> 他被冲到一个岛上，
> 不省人事地躺在沙滩上。
> 他是一个十分俊俏的美少年。
> 一个带着侍女的少女从那里经过。
> 她在侍女的帮助下，
> 把唐璜安放到岩洞里，
> 每天拿食品来照料他。
> 恢复知觉的唐璜，
> 发现自己是在一位美丽少女的怀抱里。

长诗前六章描写出生于西班牙的主人公唐璜的贵族身世和恋爱生活，文章对虚伪的封建道德标准予以强烈批判。

唐璜被迫逃亡海外，在海上遇到风暴，船只覆没，部分幸存者受尽饥饿的折磨。最后唐璜一个人漂流到海岛上，为希腊海盗的女儿海黛所救。

　　《唐璜》是拜伦为世界人民留下的文化遗产，《唐璜》的风格也是拜伦人到中年之后集自己毕生精力的宝贵著作。尽管《唐璜》是未完成的作品，它却给我们留下了无限的遐想，而且它作为一部了解当时欧洲生活的长诗是绝无仅有的。《唐璜》已经被翻译成多国文字流传世界各国。《唐璜》作为拜伦最著名的代表作，引导和启迪了一大批人。《唐璜》永不朽！

《该隐》的创作

1821年1月22日，拜伦满33岁了。

"明天是我的生日，那就是说，半夜零时，即再过20分钟，我就度过了生命的33年！我上了床，心情沉重。生活了如此长久，却几乎碌碌无为。现在已经是零时3分了。根据城堡的钟，这是子夜。我现在已经33岁了！但是我不后悔我所做过的一切，只是悔恨我想做而没有做成的事情。"

这么长时间以来，拜伦很努力地工作着，《唐璜》写到第五章的时候被奥利伯爵夫人打断了。他终止了《唐璜》的写作，开始写《该隐》。

这是他受《圣经》故事的影响。该隐来自《圣经》记载：他在田地间杀害自己的兄弟亚伯，成了众矢之的。该隐成为道德的背叛者、亵渎神明的代表性人物。

关于该隐杀其兄弟亚伯的事，《圣经》上的记述是极其简略的。但是《圣经》在基督徒中的权威和道德上绝对的主导力量使该隐被定义为一个标志"可耻"的概念。拜伦的看法并不像世人那么偏激，他笔下的该隐也有那么多值得人们同情的地方。

在他所有的作品里，《该隐》是最具有揭示性的文章。在幼时听到过的宗教故事潜移默化的影响下，他就有了宿命论的观点。他认为一个人在犯罪之前就已经被上帝罚入地狱。他认为自己不能抑制的想作恶的想法是受魔鬼的控制而不由自主的行为。

亚当、夏娃带着子女们向上帝献祭，众人都很虔诚、恭敬，只有长子该隐漠然处之。他自认对上帝一无所求，所以不应该有感激之情，所以拒绝为上帝祈祷，而且还责怪父母当初没有采食生命之果。

他的态度让亚当、夏娃深感忧惧，他的弟弟亚伯也认为他会激起上帝的震怒。众人离去，独处的该隐困惑于生命的意义：为何要如此艰辛地劳动？为何无辜的子女要承受其父母的罪过？为何采食生命之果就要受苦？难道因为上帝全能，他就是至善？他凭什么想用这些人的祈祷和祝福？

罗锡福悄然而至，这个天庭的反叛者，视该隐这个地上的叛逆者为自己的同类。当初就是他以蛇身成功地引诱了夏娃，这一回他则顺势而为，煽风点火，一番教导下来，该隐本就膨胀得愤懑情绪被推到了极点。

之后，罗锡福又不辞辛劳，领着该隐遍游黑暗王国，其意是让该隐彻底洞悉人类的本质——虚无。重返地球的该隐忧伤更深，预想着后代同样悲惨的命运，他差点杀死自己的孩子以免其将来受苦。他极端的言行，令妻子亚德感到恐惧，仿佛该隐的灵魂已为魔鬼所获。

这时，亚伯前来邀该隐一起向上帝献祭，因有约在先，该隐无奈只好相从。亚伯过于谦卑的姿态让该隐非常不满。献祭过程中，二人为上帝之爱的本质发生激烈的争执，最终，该隐失手打死了亚伯。犯下不伦之罪的该隐，遭到父母及亚伯之妻的谴责和诅咒。唯妻子亚德对他不离不弃，在该隐埋葬亚伯之后，随他一起接受天罚，踏上流亡之途。

关于宗教信仰，拜伦曾在笔记中写道："教我不要去运用理性而只是去信仰，那是毫无用处的。那就等于是让一个人不要醒着而只是永远昏睡。"

拜伦所赋予该隐的，也正是同样的充满理性的心智。该隐不同于亚当、夏娃基于恐惧的谨慎恭敬，也不同于弟弟亚伯毫无反思的温和柔顺，始终郁郁寡欢的该隐所要追问的是：父母的罪凭什么要让他们无辜的子女承担？生存如此艰辛，为何还要向上帝表达感激之情？此外，这有限的生命既有一死，那归根结底还有什么意义呢？

这些尖锐的质问响彻寰宇，进而通过他与反叛者罗锡福的对话进一步坐实为绝对的批判。该隐就这样被虚无的社会所困惑，他最后做出杀害兄弟的极端之举，自然也就不难理解了。

圣经故事中对该隐杀弟的叙述是这样的："该隐起来打他兄弟亚伯，并把他杀了。"这从法律的角度讲，可以认定为故意杀人。

但在拜伦这里，该隐杀弟弟却被叙述为一场激烈争执中的误杀，也就是他本身并没有想置弟弟于死地。并且在亚伯倒地之后，该隐还吓得昏了过去。当众人谴责和诅咒他时，他也当众表达了忏悔。后遭天罚注定流亡的命运时，他也不像《圣经》中对上帝所说"我的刑罚太重"，最后还想以自己之死换取亚伯之生，在埋葬了亚伯之后才和妻子一起踏上流亡之途。

很显然，拜伦的这个该隐和《圣经》中的那个该隐相比，已被改得面目全非。这是一个心事重重并最终落得悲惨结局的该隐，而不是一个义无反顾的富有英雄气概的反抗者。

其实在诗剧中，与该隐的怀疑者形象形成鲜明对比的，不仅有该隐杀弟后自身的一系列反应，还有另一个给人印象深刻的人物，那就是该隐的妻子亚德。可以说，她几乎构成了与该隐的怀疑意识相抗衡的另一种力量，这就是无条件的爱和同情。

如果说该隐在知中迷茫，那么亚德则在爱中坚定。这爱里不仅有对上帝之善的绝对坚信，还有对该隐不离不弃的夫妻之情。尤其是在后一个方面，拜伦塑造的忠贞于丈夫的妻子形象相当成功。

拜伦虽然拒不承认诗剧《该隐》中的观点代表他自己的想法，他笔下的该隐虽也被罚流浪，对该隐这个传奇人物多有赞美之意，而无贬低之心。

按照该剧的思路，该隐是一个具有反叛精神，崇尚自由，反对专制神权的英雄。剧中的撒旦这个"堕落的天使"成了自由精神的化身。《圣经》中的好人亚伯只是一个唯命是从的奴隶。

该隐敢于质问上帝：

亚当何罪之有？
树种下了，为什么不为他而种？
假如不为他而种，为什么置他于附近？
树在那儿成长，
成了宇宙中心的仙境。他们对此，
仅有一个回答，"这是上帝的意志。"
而上帝是善良的。

该隐在亚伯死后，天使给他打上罪恶的烙印的时候，他拒不认罪，但是却甘心受罚。他说：

> 堕落人间不久，
> 我就降生。
> 我的母亲的头脑仍未摆脱
> 那条蛇，我父亲仍在哀悼伊甸园。
> 那就是我，
> 就是我。
> 我没有寻求
> 生命，我也没有创造我自己……

拜伦诗剧所唱的反调，和主流价值观是相背离的。他把该隐的寓言运用于他反对基督教神权的需要，是对人和神的关系的一次有深度的思考。

拜伦把用于宗教和道德的主题引入到对政治的处理当中，使该隐洗心革面，成为一时的英雄。于是，流浪者的文学传统在拜伦手中变了一个调子，换了一个形象。

《该隐》发表之后受到了正统宗教教徒的猛烈抨击，牧师们纷纷布道反对这位加尔文主义的"普罗米修斯"。这出悲剧引起了英国的读者的强烈不满，他们为自己的偶像作出这样离经叛道的作品而感到羞耻。

拜伦也对读者的反应表示失望。他写道："天花乱坠、胡说八道已经败坏了公众的趣味，而只要我这样做，他们便会异口同声地大加赞扬。现在，我在三四年间真正创作了一些'不该让其湮没无闻'

的作品,所有的畜生却嗤之以鼻,抱怨一通,便回到自己的泥地里打滚去了。"

  崇尚生命力的拜伦像尼采一样难以接受奴隶的道德,这完全是由其个人气质所决定的。但是,和尼采不同,拜伦在道德和信仰问题上,似乎还算不上一个彻底的虚无主义者。他一方面虚无,一方面又为此而忧心,可谓相当矛盾——这就是拜伦的真实!

第二位人生伴侣

拜伦已经不是风流少年了，他已经有些厌倦了与女人之间的调笑和纠缠。特别是因为他的放纵情欲使他的身体和精神一天天地衰弱。他似乎感觉到自己已老了！尽管他才30多岁，但是他的头发已经开始变白，身体也变形走样，看起来像40多岁的人一样苍老。

在这些乏味的日子里，他答应朋友去参加边左尼伯爵夫人的宴会，在宴会上遇见了一年前曾和他一同去看歌剧的泰丽撒·古系尤里伯爵夫人。古系尤里夫人才刚满19岁，与58岁的古系尤里伯爵结婚不过一年而已。

正在古系尤里夫人感到无聊的时候，边左尼伯爵夫人带着拜伦来见她，她立即被拜伦希腊式的迷人脸庞和笑容所吸引。他们谈了很长时间，泰丽撒还告诉拜伦，她的父亲甘巴住在拉维那。拜伦表示正好想去佛罗伦萨拜望他，因为那里有拜伦所景仰的诗人但丁的坟墓。两个人的话题自然转到但丁身上，拜伦很惊讶地发现：这位意大利的美人，竟然对但丁和《神曲》有着深刻的认识和喜爱。

当天，拜伦对泰丽撒并没有什么特殊的印象。然而，因为他是相信命运的人，或许他会同意泰丽撒后来说的："这次的见面是命运之神在我们两人心中所作的印记！"也因为这样，拜伦从此和甘巴家有了十分密切的关系。

泰丽撒·古系尤里夫人能吸引拜伦的原因，不仅是因为她的美貌和良好的出身，最主要的是因为在她那天真无邪的外表下，仍然有追求知识的热忱。她对拜伦崇敬有加，认为他不只是一个特殊的异性，而且还是一位伟大的诗人。她带给拜伦一种截然不同的感觉，当拜伦要求与她私下会面时，她一下子就答应了。

令拜伦困扰的是泰丽撒依照意大利的习俗要拜伦做她的情人。这对拜伦来说，无疑是要他做一个比较高级的"吃软饭"的男人。当地的习俗，如果双方是因为某种目的而结婚，那么妻子可以拥有一个"合法"的男友，丈夫不能嫉妒，而且还可以和男友建立友谊。

拜伦和泰丽撒的幽会，立即成为意大利社交圈的新话题。泰丽撒觉得太幸福了，因此对别人的议论也就置之不理了。

拜伦终于也被泰丽撒征服了。他们两人每天搭乘运河上的小舟，到力多去看落日。然而，对泰丽撒的丈夫古系尤里来说，他只感觉到妻子最近学法文的热情比较高而已。

快乐的日子总是过得特别快，他们刚卿卿我我地过了不到10天的快活日子，古系尤里伯爵突然有急事必须到拉维那去，于是这对情侣不得不暂时分别。

泰丽撒的丈夫古系尤里伯爵，是一个政治上的投机主义者，他前两位妻子已为他带来大笔的财富。而他在政治上的一帆风顺，也是由于他能见风转舵。

在法国统治意大利的时候，他对法国人忠心耿耿；但是当罗马教廷统治意大利时，他又一面倒地去奉承教廷派来的枢机主教。不过，他与泰丽撒的婚姻，使得教廷对他的身份有些怀疑。因为泰丽撒的父亲甘巴伯爵和她的哥哥比多·甘巴，都是拉维那地方支持意大利革命的卡波那里集团分子。

虽然泰丽撒告诉过拜伦以后彼此联络的办法，但是她离开后久久不曾写过信给他，这使拜伦十分烦闷。

霍布豪斯知道拜伦有新情人后，立刻写信劝告他，让他不要给自己添麻烦了。但拜伦却回信说：

> 现在已经太迟了，没有任何事情可以阻止我们的交往。因为，在她离开威尼斯以前，我们每天见面。而且，她曾怀过我的孩子，但已经流产，幸好，现在已经恢复健康了。
>
> 我也知道，如你所说的，她们家的立场对我可能不利。不过，无论如何，为一个所喜欢的女人冒一点危险，又算什么……

在思念泰丽撒的时候，拜伦也会想起奥古丝塔。的确，两人有许多相似的地方：她们都不太在乎拜伦开玩笑和嘲讽的态度，因此拜伦在她们面前可以把心情放松。但是在安娜贝拉面前就不能如此了。安娜贝拉想用心去了解拜伦，但拜伦偏偏最讨厌企图看穿他的女人。

有趣的是，在某些方面，拜伦可说是十分忠心的，如果他真心喜爱一个人，他必定对她忠实到底。就拿他和泰丽撒的关系来说，当他听到泰丽撒病危的消息时，立刻不顾一切地向古系尤里伯爵表示，如果泰丽撒不能痊愈，他必定先她离开这个世界。幸好，不久后，古系尤里为他带来了好消息——泰丽撒已脱离险境了。

泰丽撒虽然躺卧在病床上，却因为与拜伦联络上了，而使得病情有了转机。不久，她又能坐着马车和拜伦一起出去游玩了。拜伦此时也觉得自己的身体状况和情绪都因泰丽撒得到振奋。

当拜伦再度回到威尼斯时，突然发高烧，而且一直不退，急得泰丽撒不顾一切地住进拜伦家照顾他。古系尤里伯爵马上带着儿子，坐着运河上的小船尾随而来。他想借这事使威尼斯社交圈增加一点对他有利的舆论。可是，进了拜伦家，古系尤里伯爵却与他的太太泰丽撒发生了激烈的争执。

拜伦已经不是当年的小伙子了，他的头脑里还是让理性占了上风。他努力劝说泰丽撒，让她不要离开丈夫，说自己会默默支持她的。

拜伦似乎因为这次的事，与泰丽撒完全断绝了关系，也松了一口气。他告诉自己，也许这样比较好，免得日久生厌，破坏了美好的感情。

刚刚第二天，泰丽撒的父亲甘巴伯爵派专人来接拜伦赶快去看泰丽撒，因为她又患了急病。等拜伦连夜赶到拉维那时，却见到已经病愈的泰丽撒以及和她父亲在一起度圣诞节的好些朋友。对泰丽撒来说，她又赢得了一次胜利。

几天以后，拜伦还是觉得离不开泰丽撒。于是他竟不顾自己的尊严，同意甘巴伯爵的邀请，在他们家住下来，以便就近照顾泰丽撒。

一年一度的嘉年华会结束后，新的一年为拜伦带来许多意想不到的好运。他在甘巴家住下来，可以照自己喜爱的方式生活：早晨起得很晚，然后去森林骑马，黄昏时与泰丽撒欣赏日落或一起去听歌剧，回来后写作到天将破晓才上床睡觉。

古系尤里伯爵回家时，发现拜伦和泰丽撒又在一起，便借故发怒。泰丽撒努力掩饰，但却失败了。因此，泰丽撒提出办理分居手续的要求，准备离开伯爵。拜伦劝她先和她爸爸商量后再说。最后甘巴伯爵同意向教皇申请女儿和伯爵的分居手续，拜伦也因为受到甘巴伯爵和朋友的鼓励，而决定坚持到底。

甘巴伯爵之所以喜欢拜伦，并不只是因为疼爱女儿泰丽撒，他似乎也对拜伦的才华和风采着迷，而把拜伦当成自己的女婿。拜伦和他在政治上的观点相同，这些也都使他对拜伦的信任更胜于对古系尤里。

7月6日，教皇终于批下了古系尤里夫人和伯爵分居的同意书。一星期后，泰丽撒才得到消息，但是，她以为从此要与拜伦分开了。根据分居条件规定，泰丽撒除了可以得到每年1000英镑的赡养费外，必须在父亲监护下安分地过日子。于是她便连夜逃离伯爵府，她的父亲将她安顿在离娘家15里远的地方。她和拜伦的爱情又将写下新的一章。

加入革命党

　　泰丽撒是一个让拜伦着迷的女人。拜伦是个宿命论者，他还记得小时候那个女巫师说的，他会有两次婚姻，第二次是外国人，他们会生活得很幸福。他觉得这个人就是泰丽撒。

　　泰丽撒一天天地影响着拜伦，她把自己逐渐地渗入到拜伦的灵魂。她以温柔的意大利音调，说着动听的意大利语。

　　泰丽撒是外国人，有许多异国风情，这也是她吸引拜伦的重要原因。但是，更重大的理由在于她纯真善良的性格：她不是讲大道理的、爱批评的、以自我为中心的女人。她像柔和的春风一样，能让拜伦彻底放松紧绷的神经。

　　而安娜贝拉、卡洛琳都只能使他焦躁，使他冷酷，甚至使他发狂般残忍。他不能忍受接近他身边的装伶俐、爱批评的女人。

　　他尤其讨厌把人的一言一动都像数学公式一样秩序井然地罗列起来，对着理论的明镜加以批判。当碰见那种把人的行动都当作神的意志，连自身的利己心、憎恶心甚至妒忌心都想用神的名义来加以神圣化的女人，他便生气到总想折磨她，折磨到使她哭泣。

在意大利，拜伦一住就是7年。头3年中，除了为写《恰尔德·哈罗德游记》第四章而短暂地去罗马实地考察以外，他的大部分时光都是在威尼斯度过。

他和泰丽撒，之后也和泰丽撒的兄弟们结为好友。透过甘巴父子，拜伦也参加了意大利独立运动组织卡波那里集团。不过，拜伦只对他们的浪漫名字、神秘仪式、秘密聚会以及出入暗号感到好奇，对他们不务实际的想法却颇不认同。

这些参与革命行动的人士当中，除了卡波那里集团里的一些贵族外，就是摩拳擦掌的一些工人阶级。拜伦觉得自己的行为很具讽刺的意义——他一方面嘲笑霍布豪斯支持"暴民"，而另一方面自己却又陷于同样的状况中。

革命党人尊敬他，并拥戴他做领袖，使他觉得非常光彩，因而同意他们的举动。他骑马出巡的时候，正在进行军事训练的党员，见到他便高呼"自由万岁"，并向他敬礼。他在马上踌躇满志地答礼。不过，他骨子里却不是激进分子，他宁愿和甘巴伯爵商议，而采取比较缓和的改革手段。

拜伦是天生的叛逆者，他的一生献给了民族独立、民权主义、反对战争这三个崇高目标。

当时的北部意大利正在奥地利帝国的铁蹄下呻吟，普通百姓深受异族统治欺凌和本国贵族阶级压迫的双重痛苦，人民的愤怒如墓地磷火般四处浮现。正如诗人所说："全国就像子弹上膛的枪，许多手指头都在移动，想扣动枪机。"

当一年接近尾声的时候，拜伦的生活方式也比较固定下来，除了晚上偷偷与泰丽撒会面外，他大部分时候都与甘巴父子商议革命的事。

在认识泰丽撒以前，拜伦已经同当时广布意大利全国的秘密革命组织"烧炭党"有过接触和联系。自他走进成人社会的那一天起，他就一直在用他的诗歌和言辞呼唤着自由、独立，为反对专制压迫而呐喊。

不过，他的心里仍然在考虑回到英国去。当然他也明白，他现在已改变太多了，回去恐怕不能适应。所以，他非常期待能够参加一些英雄式的行动，以防止自己内心的空虚。

1821年初，奥匈帝国对那不勒斯虎视眈眈，革命的情绪日益高涨，加上连日的连绵阴雨，使气氛显得格外紧张。

这时，街上传来教廷要捕捉革命分子的风声，拜伦对他的同志们的劝告是："反抗！以免被捕后泄露机密。"并且宣称自己的住宅可以供革命者避难。但是，后来却什么也没有发生，使得拜伦十分难堪。

1821年春天，意大利西北部的几个城市同时爆发了革命起义。受到如火如荼的革命形势的鼓舞，拜伦同泰丽撒的哥哥甘巴及烧炭党其他领导人一道，更积极地筹划艾米利亚—罗马涅区的起义事业。

卡波那里集团内部意见也有很大的分歧，而且他们又提不出什么具体的行动方案。于是，拜伦觉得很无聊，他又打算再度到希腊去。然而，他知道，如果泰丽撒要他留下，他就哪儿也不会去。

不多久，甘巴的集团已准备好行动的武器，并且把这些东西都运到拜伦家来收藏。他一直受到反动当局派去的警察和暗探的监视和盯梢。一个以意志、思想和行动的自由和独立为最高人生皈依的浪漫主义诗人，为了他国民族的自由和独立，却使自己陷入了不自由的境地。

但是，因为首领的背叛，使得整个卡波那里集团的革命活动，最后以失败告终。拜伦的评论是：就这样，一切都完了；也因为这样，意大利的革命再度因为内部的不团结而失败了。

拜伦坦然接受了革命失败的命运。他从未因此而感到后悔。他曾在日记中写道：

> 当整个民族的命运处在危险之中，即使我个人的事情进展顺利，我也感觉不到多少欢乐。如果有可能大大改善人民的处境、尤其是这些被压迫的意大利人，我决不会计较自己个人的得失。

革命失败后，意大利人民对外的仇视更加深了，但因为拜伦平日待人不错，在拉维那他还受到人们尊重；况且，在表面上他仍然尊重教皇，所以能平安无事地在拉维那生活下去。

他已经不是空想家。他具有令人吃惊的知识和勇气。他告诉拉维那的革命党员说，应该采用分散战术。没有训练的、人数很多的军队，要获得胜利，只有分散政府军的兵力。他知道，和有训练的集团军作战是一定要失败的。革命党员没有听他的话，失败了。

他成了当地政府所憎恨的目标。意大利出名的暗杀危险笼罩着他。常常有匿名信寄来，警告他不要外出。他却一个人骑马到附近森林里去练习手枪。

不料，7月10日晚上，甘巴在观剧后回家的路上，被官方逮捕了，而且泰丽撒也和他的父亲一同被放逐。拜伦研究此事后，知道教廷政府的目标已指向他。泰丽撒希望他能跟着甘巴一家人离开。

因为不能惩治英国贵族拜伦，他们以为赶走甘巴一家人，拜伦也会跟着走了。

泰丽撒拒绝离开拜伦，并且担心拜伦会有生命危险。拜伦费尽了唇舌，并且以将自己关进修道院来威胁她，才半哄半骗地将泰丽撒劝离拉维那，他也因而得到片刻的喘息机会。不过，他答应随后会到佛罗伦萨与甘巴一家会合，并且竭力为他们向教廷政府要求特赦。

与雪莱诀别

　　拜伦在意大利的生活很多姿多彩,他没有时间照顾和克莱尔一起生的私生女爱莉加的生活。

　　克莱尔曾经在拜伦婚姻失败的时候主动勾引拜伦做了情人。克莱尔当时是想追求雪莱的,可是雪莱和玛丽的关系很好,她总是没有机会,最后把目标转向了拜伦。当时的拜伦也是情场失意已久,心灵正需要慰藉的时候,他们很快一拍即合,后来有了孩子爱莉加。

　　拜伦因为革命的事情没有时间管这个可怜的孩子,他把她送到了巴尼亚卡瓦罗寄养。克莱尔不止一次写信请求拜伦把女儿送到一个环境好点的地方寄养,自己保证不去打扰他们的生活。可是拜伦并不在意,他觉得克莱尔就是杞人忧天。

　　克莱尔还请求雪莱帮忙劝说拜伦。雪莱将建议转告拜伦,他跟拜伦说:"克莱尔想让你帮个忙,她不想让女儿在巴尼亚卡瓦罗寄养。她说那里环境很糟糕,女儿在那里过得很不好,天气又冷,她的监护人也对她很不客气。希望你能把女儿接回来。"

　　拜伦很不耐烦地耸耸肩说:"女人就是爱找麻烦!我并不觉得那个地方有什么不好。再说,小孩子一定要经受些波折和风浪才能长大。就像我小时候,我的母亲一直是很刻薄地对待我,所以我才能像现在这样成功。"

雪莱听了,十分愤怒地喊道:"你这样简直太过分了!你是孩子的父亲,怎么能逃避责任,怎么能把孩子送到别人那里去寄养。她还那么小,就没有父母在身边呵护,对于一个孩子来说,这简直比杀了她还难受。你将来一定会后悔的!"

他后来曾告诉别人,当时若不是强行控制住情绪的话,差点要一拳把拜伦打倒在地上!

拜伦得到拉维那方面的消息,说爱莉加发高烧病重;同时,克莱尔也听到消息赶到比萨来。雪莱除了安慰她外,还尽量藏匿她的行踪,使她不致被拜伦看见。拜伦非常着急,派专人去照顾爱莉加。18日传来的消息说,热已经退了;但是不到两天,又传来消息说,爱莉加死了!

女儿的死让拜伦伤心不已。因为他本来是想教训一下克莱尔这样一个无礼的女人,可是没想到,却让自己的女儿深受其害。他是那么爱女儿爱莉加。他一手将孩子抚养大,他看着她越长越像自己,她是那么美丽,她也拥有着跟自己一样的性格,她就是他最杰出的作品。拜伦甚至考虑带她一起到国外,让女儿成为他年老时的依靠。

当爱人把他女儿的死讯告诉他时,他的脸上显示出一种死人一样的苍白。他颓然倒下,眼睛里竟然没有一滴泪。这是真正痛彻心扉的打击,让他变得绝望、深沉、哀痛、自责。他非常后悔没有把女儿接到身边照顾。

他说:"她比我们更幸运。此外,她在这个世界里的地位几乎不允许她获得幸福,那是上帝的旨意。如果一切可以改变,我将把她留在我身边。

"我还记得,她曾给我写过信。她在信上说,让我去看她,让我把她带回家。她说她已经会背好几首诗了。那是多么可爱的孩子啊！

"雪莱说得对，我会后悔的。真的，我真的很后悔。她就像圣洁的天使，让我根本不配做她的父亲，让我不配拥有她那样可爱的女儿。让我们不要再提这件事了。"

他写信给墨瑞，请他代为安排，将爱莉加埋葬在一度是他童年所希望被埋葬的哈伦公学的教堂墓地。因为爱莉加不幸的童年，引起他对自己童年遭遇的回忆。

墨瑞虽已依照指示十分尽力而为，但却无法完全照拜伦的意思达成，充其量他只能让爱莉加安葬在墓园里面，却不能为她立碑，因为没有人会承认一个私生子的身份的。

克莱尔方面的反应，比大家想象的要好一点，但是她却把一切的怨恨都归咎到拜伦身上。她写了一封极严厉的信，指责拜伦对她的女儿爱莉加所做的一切"暴行"。

拜伦看了这封信之后也觉得没有什么能辩解的。对他来说，整个事情已告一段落，他只想尽早忘记这事。不过，他答应克莱尔的要求，为爱莉加留一张画像，并且准许克莱尔在爱莉加的棺木送往英国时前去送行。

能让他的灵魂安静片刻的方式只有写作，只有为女儿写点什么才能让他找回一点做父亲的安慰。于是他奋笔疾书，写下了《变形的畸形儿》。

这是一部类似《浮士德》的戏剧，题材很有意思，讲的是一个叫阿诺德尔的驼背的人为了能让自己的畸形的后背变得和正常人一样，为了能像正常人一样能得到爱情，他把灵魂卖给了魔鬼。

这部戏剧被雪莱看到之后，评价它是恶劣不堪。可是这恶劣不堪的戏剧，就曾经是拜伦幼年生活的真实写照。

雪莱在瑞士和拜伦告别，回到英国。雪莱夫妇需要面对的第一件事，就是正式妻子哈丽特自杀了。她和雪莱分居以后，就游戏于一个和另一个男人之间，结果不小心有了身孕，便投身在常和雪莱浮纸舟的塞奔坦河里溺死了。

听到这个消息，雪莱很震惊，没想到哈丽特能那样做。直至年底，雪莱才从难过中走出来，正式和玛丽结婚。他向法庭提出把哈丽特生的两个孩子带回自己身边来。

但是大法官说，雪莱的思想"不道德而且乱伦"，不宜于幼儿的道德教化，便作出决定，不让他抚养那两个孩子。

大法官的宣告，是对雪莱精神上的侮辱。他与英国的上流社会算是至此无缘了。这对他是很大的打击，同时也是他的生活的重大转折点。

他一向都是要用他清纯的理想去教化和改善社会。所以，他或是到爱尔兰去努力解放宗教，或是在英国想法子替思想犯交纳罚款，甚至逢人便宣讲人类的美和善，竭尽全力地进行精神的教化工作。

他的做法，和社会上其他人的行为方式完全不同。天真直率的他，照着奔放的热情去行动。那是和当时阳奉阴违的伪善社会风气完全相反的。所以用陈腐的道德尺度来衡量，也可以说他是背德乱伦的。

但是，过着那种脱离正常人的日常生活，却又想做改革社会的战士，这就是他的最大的失败之处。听到大法官这个判决的时候，他才愕然睁开了眼睛，觉悟到自己没有从实际出发，太过理想化的生活方式是难以被社会接纳的。他于是开始厌弃了实际的社会事务，最后一门心思地冥想起来。

从此，真正的雪莱成长了。寒冷的英国气候，损害了雪莱的健康。还有应该说是他性格中侠义之心也成为他的一大弱点。他因为怜悯那些没有工作的可怜人，他为帮助他们，所以家里养着将近20

个人。因此，他的钱囊一天一天更空了。

玛丽陪他到意大利去，就是为了让他从这种糟糕的境遇中解脱出来。他们到威尼斯和拜伦相会。把阿列格拉交给拜伦后，雪莱和玛丽、克莱尔带着玛丽所生的两个孩子南下。在路上幼女得病死了。在悲痛中，他写成了不朽的大作《解放了的普罗米修斯》。

经过罗马，前往那不勒斯的时候，他最爱的男孩子威廉患赤痢死了。他为此伤心欲绝，无奈之下，他把爱子的尸体葬在罗马的英国人公共墓地。

夫妻黯然离开"永久的都市"，回到北方的佛罗伦萨。在这个伟大的文艺复兴的旧都，他写着诗圣但丁的回忆，写着普罗米修斯的续篇。这是描写精神和物质的战斗，是他刻骨的内心苦恼的迸发。他是需要进行这样的写作而发泄内心不满的情绪。

他很同情那个由于发表自由思想的理论而受到保守的英国政府残酷迫害的名叫李·亨特的评论家，便邀请他一家8口从英国到意大利来，把他们送到拜伦家去。

不幸的事情终于还是发生了，雪莱从热那亚返航的时候，碰上了海上的恶劣风暴。

1822年7月8日中午，雪莱和威廉士坐着"唐璜号"出游时，海湾里突然暴发了一种强热带风暴，等风暴过后，人们再也看不见他们的踪迹了！人们询问附近的渔夫和船工，但是没有人看到他们，人们立刻回来报告拜伦。

拜伦知道雪莱的船失事的时候，一下子沉默了。他双唇颤抖着，半天说不出话来。这实在是他听到的最糟糕的消息了，就算是他女儿去世，他也没有那么难受过。

雪莱是他的挚友，雪莱是他生命中不可或缺的朋友。他回忆起他们在一起的时光，觉得生活是那么美好，雪莱就像他的亲弟弟一样值得他去保护和疼爱。可是他却没有保护好雪莱，这让他很懊悔。甚至他恨不得出事的人是自己。遇到那样的恐怖的风暴，雪莱生存下来的可能几乎为零，但是他还是希望奇迹能出现。

玛丽是第二天得到雪莱出事的消息的。她立即赶来询问拜伦事情的经过。拜伦面对一脸憔悴的玛丽，有些无言以对，他不知道怎么才能安慰她，他不知道怎么才能让玛丽接受雪莱出事的事实。拜伦只好请她一同前往出事地点察看情况。

凌晨2时左右，他们来到了出事地点。玛莉因为疲惫不堪，只好先到附近休息，一路上他们又向周围的居民打探雪莱的消息。

有人说发现"唐璜号"上的一些东西，不过，这可能是暴风雨来袭时，雪莱他们为了减轻船的重量而主动抛弃的。拜伦把"布利瓦号"供人全权使用，他自己组织了一些人进行仔细的搜索。他只有这样做才会觉得心里好受点。

7月16日，有两具尸体被发现。18日，又听说有一具尸体已漂到岸边来，他们认出那是雪莱的尸体，从尸体的上衣口袋中找出两本诗集而证实了雪莱的身份。

拜伦看着雪莱被鱼咬噬得残缺不全的美丽的脸庞，低声说："唉！铁一样的意志！这就是你美丽勇敢的身心所留下的一切么？……像普罗米修斯一样，你反抗了天帝宙斯，这样……"

"世人严重误解了他。到今天为止我所认识的人里面，他是最善良而没有丝毫私欲的人。出现在会客厅里的绅士，只有他是最完美的，没有缺点的。"说着，他把身上的衣服甩掉，"扑通"跳进海里游泳了。

又有红颜知己

雪莱死后,汉特紧张了一阵子。他原来是一直靠雪莱接济的一个文人。后来,拜伦再三保证愿意像雪莱一样善待他,他才比较放心。不过,他心里有数,知道拜伦不喜欢他的妻子和他那一堆像小野人似的孩子。

拜伦向伦敦的朋友们请求支持汉特所出版的杂志,但他的朋友们都劝他不要和那个"下等的伦敦人来往"。拜伦很看重汉特的才华,他给汉特提供了不少帮助。

雪莱死后,从表面看来一切好像又风平浪静了。可是,拜伦内心却非常凌乱。甘巴家已在热那亚找到一个政府允许他们安居的地方等候他和泰丽撒一同前往。可是,拜伦却另有打算,尽管他仍旧喜欢泰丽撒,可是他长时间和她在一起,总觉得有点审美疲劳了。所以,他并没有到热那亚长住的打算,他甚至认为离开意大利,才是避免生活太单调的唯一办法。

他怀念英国,怀念风狂雪乱的苏格兰。他自问自答地说:"为什么我不在英国从事政治活动?"

"就在这种颓废的南国社交活动里,枉抛了壮志雄心?"

他丢下笔,靠近窗前,碧绿的热那亚湾,海波浩瀚地起伏着。

"波涛的那边是地中海,地中海那边是大西洋,是英国。"

唐璜歌唱着:

> 这些傲慢的东家老板,
> 他们做买卖精打细算,
> 从南极到北极发号施令,
> 连海浪也得向他们交纳税款。

这是英国的统治者的意志。那是自己的祖先统治过的英国人。而自己就靠着爱人的膝头,在碌碌的诗篇中,让英国男儿的热血熬干吗?

可是回到英国,希望跟安娜贝拉和好,那又几乎是不可能!这时候,他对她的厌恶和反感已经逐渐缓和,而想到她的优点和神圣得如圣女一样的气质了。他觉得安娜贝拉是很美好的女人,原来在自己身边时,她就像黏在衣服上的大米饭粒。可是分开久了,他觉得她就是月光下的香水百合,那样清新别致。

然而当时他把安娜贝拉伤得太深了。安娜贝拉的心已经坚如磐石,她决心终身不宽恕拜伦。她对自己说,这是神的旨意,这是对人类的需要负的责任。所以,拜伦不能被原谅。

正打算出发离开比萨时,霍布豪斯突然来访。他和拜伦自从4年前在威尼斯道别后,一直没有再见过面。这次见面,两人似乎有点疏远了,特别是有霍布豪斯不太欣赏的汉特。

有汉特在时,他很少说话。虽然两三天后,他和拜伦又很亲密了，但是，当他们两人分手的时候，拜伦依然觉得霍布豪斯已经和从前不一样了。4年的时光足以改变一个人最初的模样，他们彼此之间经历了太多的不同。在他们都成长之后，发现对方已经不是原来的样子。他对霍布豪斯说："你已缺乏当年的热情，变得像政治家一样冷酷了！"

当动身前往热那亚的时刻来临时，拜伦心里却很不高兴，每件事情对他来说都不那么顺利。他像个70岁的老人一样步履蹒跚，但最后他还是坐上他的马车，摇摇晃晃地离开了比萨。

马车声和车后挂着的鹅所发出的叫声交相呼应，到达热那亚的住处时已近午夜，疲惫不堪的拜伦迷迷糊糊地搬进了他最后一个在意大利的住所。

拜伦在热那亚定居以后，便写信和墨瑞联络。他因为听信汉特的话，以为墨瑞故意将汉特所编辑的杂志《自由主义者》创刊号中的拜伦所写的专门攻击作家协会的序删除了。拜伦生气地写信指责墨瑞，并且发誓，以后自己的所有作品要改由汉特出版，而不再交由墨瑞处理。

不过，拜伦仍旧没有和墨瑞断绝书信的往来；并且因为拜伦长期居住在意大利，耳濡目染下已经沾染上了意大利人坦率的作风。他常常毫不隐瞒地向墨瑞表示他对汉特的不满。

拜伦和泰丽撒的关系没有改变。不过两个人都知道他们的爱情已经变质了。她才23岁，而35岁的拜伦却让人觉得好像是70岁的老人那样迟暮。

泰丽撒大概也只好自己认命了吧！她试着让自己的生活节奏跟拜伦的保持一致，即使拜伦不来找她，她也能安心地过自己的生活。

正当他思念故国、乡愁满怀的时候，在他眼前出现了伦敦社交界的宠儿,美丽的布列辛顿伯爵夫人。

1823年4月1日,拜伦的仆人拿着两张名片到他房里来说:"布列辛顿伯爵和道尔瑟伯爵求见。"

拜伦随便接过来一看。两个名字跳进眼帘:"布列辛顿伯爵夫人"和"阿弗雷德·道尔瑟伯爵"。他不觉从椅子上跳起来。请他们进来应酬过后,问道:"夫人呢?"

回答说:"在门外马车里等着。"

拜伦拖着不方便的脚,急忙走出去迎接夫人。在夫人的想象中,拜伦一定是身材高大、相貌威严、气度不凡的人。尽管拜伦有着漂亮的头和丰富的表情,个子不高。可当他像孩子一样出现在夫人面前的时候,伯爵夫人还着实吃了一惊。

第二天,拜伦到旅馆去看夫人。从那天起,两人开始了非比寻常的友情。

在掌握了和男人交往方法的伯爵夫人看来,拜伦是很容易驾驭的男子。因为拜伦是敏感而又多情的,他童年遭受的不幸使他在性格上总是走极端,但是他确是可以被征服的。

对于拜伦这样的男人,强硬的手段是没有意义的。在伯爵夫人极具同情心又富有才能的温柔的感化下,拜伦犹如找到了归途的迷失羔羊,把他的心胸彻底地向伯爵夫人敞开。他没有隐瞒地向夫人说出一切。

在他们交往的几个星期里,她把拜伦说的话忠实地记录下来,后来印成有名的《同拜伦勋爵谈话日记》。这本书真实地反映了拜伦的生活,成为后来研究拜伦一生非常有价值的历史资料。

布列辛顿伯爵夫人,比拜伦晚两年出生于爱尔兰的提珀雷里,家境穷困。她14岁嫁给一个军人,3个月后就分居,来到伦敦。丈夫死后，再嫁给布列辛顿伯爵。这次同来的道尔瑟伯爵，是法国著名画家，他容貌俊美，是夫人的情人。

目光敏锐的夫人，在听了拜伦坦率的言谈，观察了他的行动之后，透过"假拜伦"的外表看穿了"真拜伦"的实质。

夫人看穿的是：拜伦过早地接触了外面冷酷的空气，才走向与自己本性相反的方向。本来他是个性格温和有着博爱精神的人。当他看透世间冷漠，看透了人与人之间的自私虚伪，他就把自己伪装起来，让自己看起来和他们一样自私而冷酷。

其次，夫人看穿了，他是为了改正自己的浪漫和感伤而去嘲笑别人的浪漫和感伤。证据便是：在短短几周的交往中，拜伦常常把自己感伤的一面表现在夫人面前。

夫人还看穿了："伪恶"的他总是装作一无是处的样子，似乎他身上没有优点，只有一些可恶的毛病。

夫人也看准了他在人生常识方面经验很丰富，但是他却有着和生活经验完全不相符的古怪的言行。夫人还发现拜伦尽管嘴上说自己是不信任何宗教的，可是他的内心有强烈的宗教观念，而对于传统也十分执着。

他觉得自己就是和魔鬼签约的"恶人"。拜伦对夫人说："人的真正的幸福，并不在婚姻生活之外。两个相爱的人分离绝不是幸福。这会使女人更加妒忌，并因此使男子变成女人的奴隶。"

他把对安娜贝拉也避忌的问题，也对夫人说了。那便是关于他的跛脚，关于跛脚怎样影响了他的性格。

他说："我的母亲，和我学校里的同学们，把我嘲笑得太过分了，终于使我觉得跛脚是人生最大的不幸。腐蚀残废者的心灵的力量是可怕的，要征服这种力量，必须要有非常善良的心。由于残废而造成的孤僻性格，终于变成了对整个社会的怨恨。没有人能改变得了我怨恨社会的性格，我恨他们嘲笑我的不幸！我要报复他们，就连我的妻子安娜贝拉也没有办法阻止我。她像传教士一样在我耳边唠叨，最后我们分居了！"

　　这是他的心灵的最惨痛的伤痕。伯爵夫人能够使他透彻地讲出来，这说明拜伦真的已经把她当作自己的红颜知己了。因为只有男人把一个女人当成他的知己密友，他才愿意跟她分享心灵的秘密。

　　　　我想早一点死掉，不想做老人。年轻的时候，对于给了我一点点好意的人，我心里便充满温暖的爱。现在36岁，说来也不算老，但是，即使把自己心中快要熄灭的余烬都收聚拢来，也不能再燃成一堆火焰来温暖我冷却的感情了。我受了太多伤害，这些伤害足以让我死成百上千次了！

　　他写了一首诗来表达自己36年来的经历和感悟。

　　　　此心不再感动他人，
　　　　此时也自然无所感。
　　　　虽然不能为人所爱，
　　　　我却仍然寄情于人！

　　　　年华如枯黄的秋叶，
　　　　花果早已凋谢，
　　　　只留下蛀虫和灾孽，

就是我的一切!

在遭受烈焰的煎熬，
心如孤寂的火山；
就差火炬在这点燃，
把这一切都燃掉！

希望、犹豫、恐惧、嫉妒的关照，
痛苦中的甘甜与爱情中的美，
这一切我都无法得到，
只得到镣铐！

刀剑、旌旗、碧血沙场，
荣誉和希腊装在我心底。
偃卧盾牌的斯巴达男人，
怎比自由高尚！

醒来吧，振奋的希腊，
醒来吧，我的那颗心！
探讨生命之旅的真谛，
狠狠打击敌人！

多情的火焰熄灭，
爱美的习性无法保全。
你对我诱人的颦笑，

已不能眷恋。

你悔恨荒度的青春，
可还要苟且生存？
奔向光荣的死所吧，
在战场上献身。

寻求吧，勇士的墓地，
他应当属于你！
选一方土壤当作归宿，
永远得享安息！

向往希腊

拜伦内心一直向往着去希腊,他希望能去希腊参加革命。他对希腊革命的渴望,因布兰奎尔上尉的来访,而再度被提高。布兰奎尔是代表"伦敦希腊协会"到伦敦寻求支援希腊革命的人。

拜伦答应他们,如有必要,他可以在7月到伦敦出席会议,并为他们奔走游说。

这次拯救希腊的计划比其他计划都持久,他不会再因为某个女人或者某首诗被拖住手脚。因为在过去他对希腊的了解,那里的奴隶制让他觉得窒息。他希望希腊的人民能够早日觉醒,尽快起来斗争,把土耳其的统治者赶出国土。

但是希腊的人民是处于蒙昧状态的,他们不知道自由和人权,他们只有在法国大革命之后才第一次听说那些新词。拜伦需要他们觉醒,于是他写了很多诗篇来告诉希腊人民,他们不是天生的"奴隶",他们需要团结起来进行斗争。只有那样,他们才能过上像真正的人一样的生活。他写的《为自由而战》慷慨激昂,非常振奋人心:

本国既没有自由可争取，
　　那就为领国的自由战斗，
　　以罗马、希腊的自由为己任。
　　不怕流血和断头。

　　造福人类的业绩多伟大，就是伟大，
　　也能得到高贵的报答，
　　在哪儿都可以为自由而战，
　　如不受绞、饮弹，便可得到爵位头衔。

　　这首诗表达了拜伦的心声，他要为了希腊的自由而战。他像一位国际勇士，要反对土耳其对希腊的殖民统治。这是他多年以来的梦想，因为写作在他看来远远没有当将军征战沙场更有吸引力。
　　拜伦决定去当希腊委员会的成员。他踌躇满志，觉得他终于要在希腊的民族解放运动中发挥作用了。
　　他首先列出了希腊目前最亟待解决的几个问题。一是战地物资。战争就是需要物资作为支持的，没有物资作战争的基础，那么一切无从谈起。二是火药。火药是目前战争中最宝贵的武器资源，没有火药，那么想依靠大刀长矛去打败统治者是痴人说梦。三是医院或者药房。战争是残酷的，没有战地医生的支持，战争中的伤员只有死路一条。为了能持久地斗争，这些都是必不可少的条件。
　　拜伦的朋友们用充满怀疑的目光关注着拜伦所准备的一切。他们觉得拜伦这样的诗人是不适合做这样的工作的，他缺乏实战的经验。他们认为他的那些东西都是纸上谈兵，在真正运用的过程中会出现很多问题。
　　实际上拜伦是和实干家一样的，既有勇气又有胆识。但是他缺乏决断力。这就注定他只能是个梦想家。一个缺乏决断力的领导，在指挥作战的过程中就会优柔寡断、贻误战机。在风云变幻的战场上，这是致命的缺点。所以，尽管拜伦是那样的胸有成竹，但是，他的结果注定会是糟糕的。

他一方面在排斥英国的统治者，另一方面他又渴望和英国上流社会取得联系，获得他们的支援。在他充满矛盾的性格里，他始终缺乏思想和行动统一的能力。

拜伦不敢将他想拯救希腊的计划告诉泰丽撒，他怕泰丽撒不接受这个决定，因为他是在乎泰丽撒的，他坚信泰丽撒就是命中注定的另一半。他只好等待最佳的时机说服泰丽撒。

他知道，只要泰丽撒一流眼泪，他可能就会改变主意。因为，他了解泰丽撒，她是最爱他的女人，她一定担心他这样去希腊是冒险的行动，她不想让他冒险，她想跟他白头偕老。如果贸然告诉泰丽撒这个决定，她一定会阻止他。他甚至能想象到泰丽撒知道这个消息泪眼婆娑的样子，那么的楚楚可怜。他不忍心看泰丽撒难过，最后，他不得不让泰丽撒的哥哥比多·甘巴去告诉泰丽撒这件事。

果然不出拜伦所料，泰丽撒听到拜伦要去希腊的消息后根本无法接受，她的充满愁苦的脸上挂着泪花，似乎就像被判了"死刑"一样。

泰丽撒说："亲爱的拜伦，你为什么要去希腊呢？你知道那里现在变成什么样了吗？土耳其的军队已经把那里占领了，你还要支持他们反对土耳其统治？你这是一个人在跟一个国家战斗！这是螳臂当车！我不能失去你！求求你，不要去！我不是反对你拯救希腊，可是希腊的问题是你一个人不能解决的！"

拜伦为难地说："我知道你担心我，我知道你爱我，不想让我受到伤害，但是我不想一辈子庸庸碌碌地活着。我要像我的偶像拿破仑一样，为了正义而战斗。我不怕失败，我是担心如果这次我不去拯救希腊，我会后悔一辈子的，即使天天能跟你在一起，我也不会快乐！"

泰丽撒的哥哥也安慰她说："我可爱的妹妹，你放心，拜伦不会有事的。我保证他能完完整整地回到你面前。我们作为参加革命的成员，为希腊民族解放斗争。斗争就是需要付出代价的，你们暂时的分别是为了千千万万希腊人们的幸福。要知道，他们每天在土耳其的残暴统治下过的都是非常悲惨的日子！"

泰丽撒沉默了，她知道自己不可能让拜伦回头了。她含着眼泪对拜伦说："好吧，我成全你。我希望你不要忘了我。你一定要完完整整地回来。我的后半生，需要你的陪伴！"

拜伦听了泰丽撒的话内心也十分沉重和愧疚，他想对泰丽撒有所补偿。有一天，他把自己的手稿全部搬出来，放在泰丽撒面前说："也许有一天，它们会赢得许多奖金呢！"

拜伦把去希腊的事向布列辛顿夫人透露。因为他每天与布列辛顿夫人骑马出游，在高原上策马扬鞭地驰骋，他和布列辛顿夫人的关系好得像知己好友一样。

有一天，他骑马时跟布列辛顿夫人说："布列辛顿夫人，我，我今后可能不能再和你一起骑马了。"

布列辛顿夫人疑惑地问："为什么呢？是泰丽撒不愿意，还是你有什么别的事情要做？或者是你的身体不允许你骑马？"

拜伦叹了口气说："事实上，我是要去希腊了！"

布列辛顿夫人问："去希腊？为什么去哪儿？你知道现在希腊局势很混乱，那里并不适合旅游度假了！土耳其占领了那里，那里正在进行斗争呢！"

拜伦说："是的！我就是要去希腊参加他们的民族解放斗争！你

知道,我最看不惯那些土耳其贵族对希腊平民的欺压!每一个民族都应该是自由的,他们不应该被另一个民族欺压!这是有悖于天理的。我要去希腊,为解放希腊人民作斗争!"

布列辛顿夫人惊讶道:"哦!天啊!你怎么会有这么冒险的想法?好好地写诗不是很好吗?战斗也不一定要冲到前线啊!难道你真的要去希腊的前线冲锋陷阵吗?简直是疯了!泰丽撒也不会同意你那么做的吧!"

拜伦说:"她同意了。因为我一定要去希腊的,我要像我的偶像拿破仑一样驰骋沙场。这是我的梦想,我不能这么庸庸碌碌地靠写诗过日子!"

"你知道吗,布列辛顿夫人,我是很相信命运的。我小时候,一个女巫给我算命说,我只能活到36岁左右。我没有时间了,或许我会死在那里!"

在5月底,布列辛顿家打算离开热那亚前往那不勒斯,拜伦感到非常难过,但也无可奈何。布列辛顿夫人送给拜伦一匹她心爱的阿拉伯纯种马,好让拜伦带去希腊乘骑;又叫别人买下拜伦的游艇"布利瓦号",以解决拜伦的后顾之忧。分手的时候,布列辛顿夫人眼里充满了泪水,泰丽撒、拜伦也被感动了。

拜伦要动身前往希腊的时间越来越接近了,泰丽撒也越来越哀怨,她不希望拜伦离开,拜伦向泰丽撒保证会再回来看她;可是,他倒不是为了她才这么做的。霍布豪斯也只是希望他到希腊为"伦敦希腊协会"收集一些资料,以及利用他个人的名声和影响力为这个协会做宣传,事成之后就可回来。

拜伦的船快要开航的前一个钟头,泰丽撒还坚持不离开热那亚,她想尽办法要留在热那亚等拜伦回来。但是因为教皇已经批准了他们一家回拉维那的通行证,前提条件是她必须一起回拉维那才行。

她的父亲说:"我知道你不想离开这儿,我知道你想在这里等拜伦回来。可是我们必须要离开这里,因为这是我们最后的机会。教皇终于同意让我们回拉维那了,但是他的条件是你也要跟我们一起走。你不能那么任性,因为你是甘巴家族的乖女儿,你不能让我们失望。只有回到拉维那,我们才能重整旗鼓,我们才能继续革命。"

最后她终于点头接受了父亲的建议,说:"我知道,您那么做一定有你的道理。我知道,我不能那么自私地继续留在这里,就像我不能阻止拜伦去希腊实现他的梦想一样的。好吧,我愿意跟您回拉维那。"

重返希腊斗争

当这艘拥挤的小船漂浮在海上时,拜伦的思绪也跟着船飘荡沉浮。在意大利的时光,虽然漫无目的,却能够给他带来一些快乐,并完成许多成熟而感情丰富的作品。比如《恰尔德·哈罗德游记》、《唐璜》,都是在意大利居住期间写的。

现在,他则像被波浪卷到了去往希腊的海上,有些身不由己的感觉。这或许是因为他名气太大了,各方面的力量都在争取他加入,他本身又是不会拒绝别人的人,所以很辛苦。但是他确实也在意大利待久了,他希望看看爱琴海。

但是海上的风浪让他想到了雪莱,他清楚地记得雪莱那被海水浸泡得变形了的脸。他接着就想到了儿时听到母亲请的那个女巫的预言。到目前为止,她的预言都很准确,他的婚姻他的女人,似乎都像她说的那样。现在只剩下一样,就是他的36岁左右的劫难。他马上就快到36岁了。这个预言的阴影一直缠绕着他,让他总是担心自己此番航行就是走向死亡。

到了希腊附近的海上,他才从惆怅的情绪中走出来。1823年8月2日,他们的船到达爱奥尼亚,却不能再继续往前行了。因为希腊人自己起了内讧，不能团结一致。

而土耳其的军舰已沿海包围了希腊本土，希腊本身所组成的舰队绝大部分是没有战斗力的商船，只不过比商船多了点武器。商船没有统一的指挥，他们乱七八糟地排列在东岸，不肯进攻。因为商人们毕竟不是军人，让他们为国家卖命似乎是强人所难。在这样的情势下，拜伦他们只好停在爱奥尼亚岛观察战争的动向，再决定是否继续前行。

著名的诗人拜伦要到岛上来的消息，立即引起当地的一片欢呼。拜伦的鼎鼎大名不仅让英国人仰慕，就连岛上的希腊居民也十分兴奋地想见他一面。拜伦上岛后周围总是有一大群人跟随左右，他们对他投来无限崇拜的目光。他们清楚他富有财产，闻名遐迩。

他们到达爱奥尼亚后的第二天，岛上英国人的督察那比尔上校来见拜伦。那比尔也是一个热爱希腊、支持革命的人。他来见拜伦的原因，是要讨论如何管理岛上的苏利欧特军队和他们的家属。

拜伦早已风闻这些苏利欧特军人的骁勇善战事迹，他们在1822年带着家人从南阿尔巴尼亚逃到这里来，并且参加了几次和土耳其军队战役。他们的勇猛跟土耳其军人的彪悍不相上下。

拜伦第一次到希腊时曾雇用过两名阿尔巴尼亚仆人，对他们的勇敢、忠心十分信任，这次再度见到这些苏利欧特人饱经风霜的面容，使他回忆起1809年在希腊的生活的状况。他很想和他们继续合作，他很快地提议要雇用他们做他的保镖和侍从。

但是这并不是好主意，因为他雇用了40名苏利欧特人当保镖，但是那些人实际上既不是苏利欧特人也不是希腊人。他们好吃懒做，经过数天考验之后，拜伦发现真的是选错人了，只好支付给他们两个月的薪水，把他们打发回家了。

拜伦在岛上一直没有接到英国或希腊方面来的消息。他每天在岛上骑马散步，表面上看起来悠然自得，但实际上他已经下定决心要到希腊参与民族解放斗争。

拜伦逗留在爱奥尼亚岛上的消息，很快传遍希腊。许多参与斗争的利益集团写信来恳求他支援，甚至有些私人机构向他争取经费支援。拜伦很清楚不能随意答应他们任何一个团体，因为他还没有看清楚希腊此时复杂的局势。

他特别重视布兰奎尔的意见。他接到布兰奎尔的信，信上说：

你还是暂时不要去希腊了。因为希腊被土耳其士兵包围着，不要说进去很难，就算真的进去了，想出来恐怕比登天还难。你最好还是暂时待在那里，不要轻举妄动。这对于你也好对于革命事业也好，都是非常重要的。

拜伦认为他的话很有道理，他决定暂住赛弗洛尼亚。这时候他过得很平淡，每天粗茶淡饭，看看书或者给奥古丝塔写写信。他在信中告诉她说：

我亲爱的姐姐，我知道很久没有去看你了。我很想念你，相信你也一样想念我吧！可是我暂时还是不能回去，我现在在赛弗洛尼亚暂住，我迟早是要去希腊参加革命事业的。你知道，我就是那样的热血男儿。我要让土耳其的殖民者滚回老家去！

我还要继续留在这里，因为这里的人民确实是太蒙昧了。他们在土耳其的统治之下，已经迷失了自己的本性了。他们缺乏斗争的勇气和信心。他们觉得自己一出生就是奴隶的身份，这是天命决定的。

  我要在这里给他们做启蒙教师。我要启发他们，让他们从内心彻底觉醒，让他们深刻地认识到，希腊人民是独立的，希腊人民是不可被压迫和被奴役的。

  这是一项伟大的事业，我将名垂千古。为我祝福吧！我永远爱你！

这里的生活是宁静的，除了每天接触难民的求助之外，他可以看到海上生明月，可以看到山在雾霾中。

正好在这时，外面传来消息，说马洛克打多王子已参加前往麦索隆基的一只舰队。拜伦立刻表示愿意以金钱支援该舰队的费用。拜伦支付给他们4000英镑作为船员的薪水；并且他已经决定动身离开希腊东部，积极投入革命的前线行列。

因为英国方面不愿介入希腊与土耳其的战争，所以舰队并没有来迎接拜伦，而是直接前往麦索隆基。拜伦也不管这些，12月29日一切准备妥当，扬帆到目的地去。他的情绪非常高昂，因为"海洋常带给他许多写诗的题材"。

顺着风，船在6时起航。比多·甘巴记述：

  我们一起航海，天气晴朗，空气清新。我们情绪十分高昂，拜伦爵士更是如此……当送行的人听不到我们的声音时，我们互相以枪射击天空……明天，我们要在麦索隆基，明天……

这时候，他的忠仆弗列查因感冒病倒了。拜伦把船上仅有的一床席子给他，自己却睡在木板上。弗列查后来常常讲起这件事，还说："我的主人虽然有点怪脾气，可实在是个好心肠的人。"

在希腊革命军派来的护航舰队的保护下，拜伦于1824年1月5日早上到麦索隆基。

他穿着火焰一样的绯红色军装，踏上希腊本土。为迎接他的登陆，街上隆隆地放起礼炮，偶尔还能听得到阵阵枪声。奇异的当地土民音乐也不时地响起来。这些声音夹杂在一起，有些混乱的喜庆。

他乘着小艇来到麦索隆基前面的湖上。兵士和居民都聚集在广场上等待这位年轻的诗人统帅。在他的营房前面，站着由伦敦派来的斯坦霍普上校和希腊革命军司令官马弗罗柯达托亲王。在这个地方，他又开始过起军队生活来。

麦索隆基是一个被沼泽地围绕着的小渔村，村子高出水面不过数尺。下雨的日子，生活就变得糟糕了，四面的湖水泛滥出来，浸满街路。

在那跟沼泽地差不多的牧场里，有披着羊皮的牧羊人住在茅草屋里。牧场里盐、鱼和泥土的气味混在一起，还有羊骚味掺杂其中，这使那里看起来跟远古时代差不多。这是一个和一切近代文明隔绝的村子，而且是瘴疠流行之地。

住在北方的剽悍的苏里族，常常充当其他民族的雇佣兵而作战。他们大群地流浪到这地方来。他们是危险的暴民，谁给钱给得多，就跟谁做战友。当时，希腊独立政府只是一个空名，革命军分散在全国各个地方，各部队的指挥官只会互相争功夺名，他们跟封建军阀没什么两样。他们手下的军队也是并没有受过什么训练的队伍。应当由伦敦运来的武器弹药一点也没有运来。

在这样混乱的局面下，是考验拜伦指挥能力的时候了。他决心在这种绝望的混乱中，建立一支真正的革命军。为此，他个人不顾倾家荡产，当地的革命军几乎全靠他个人的财力来维持。

他计划着夺取离麦索隆基不远的勒庞托炮台。因为他想到勒庞托是历史上有名的地方,攻克这个炮台,其意义具有战略上的价值,能够轰动世界的巨大的政治效果有助于促使伦敦"支援希腊独立委员会"所计划的借外债一事早日成功。

但是他不得不先同两个大障碍作斗争:一个是马弗罗柯达托亲王的无能,另一个便是斯坦霍普上校的不切实际的气质。因此,诗人拜伦便不能不担负起军事的、政治的一切重要事务。苏里族是英雄的民族,在土耳其统治希腊期间,他们曾长期坚持武装抵抗。

在战斗中逝世

拜伦的伟大人格在希腊当统帅的时候终于显示出来了。他以身作则，和希腊士兵吃同样的饭菜。他从来没有因为自己是统帅而觉得高人一等。相反，他更平易近人。为了救济当地不幸的贫民，他不惜倾囊相助。

有一次，对面岛上跑过来几个希腊水兵，他们一窝蜂地跑到拜伦屋子里来，硬要他交出土耳其俘虏兵。当拜伦拒绝的时候，水兵们就想动武。

拜伦威严地注视着他们，拿着装着实弹的手枪指着他们的头。水兵们见了他那正义凛然的样子，立刻失去了刚才的锐气，悄然走出去了。

每当制订作战计划的时候，他总是要求置身于最危险的地方。他说："人不知道哪里最危险。同样是死，由子弹穿过去而死，比喝着药水而死更有价值！"

他写信给霍布豪斯说：

贫穷是悲惨的,但是比贵族们无聊的放荡要好得多。可喜我已经完全禁绝了,今后也绝不会再放荡。我的决心永远不会动摇。

由伦敦运来的军械费了很大力气才运到希腊。可是,那些武器却是一些粗劣的、破旧的武器,一定要经过修理才能使用。这又成为拜伦的工作之一。为了督促那些连建造军械库也不肯干的懒惰的希腊兵,他只好拖着不方便的跛脚亲自参加劳动。

后来,由于所有的人一致推荐,他成为全军的总司令。等到一切准备工作完成,正要去袭击勒庞托炮台的时候,希腊革命军在其他地方的指挥官们,由于妒忌麦索隆基这支部队的声名扬于世界,便唆使拜伦部下的苏里士兵提出难题,要求把他们大部分人提升为军官并给予高额薪金。

拜伦把带头闹事的几个解雇了,事件才得以平息。但是,夺取勒庞托炮台的计划也因此被耽搁而未能实现,半年来苦心经营的计划功败垂成。

那天晚上,他突然病倒了。几星期以后,他才慢慢恢复得能起床。但是,他拒绝人们的劝告,仍然过着克己的简朴生活。4月9日,好消息来了:在伦敦,为希腊革命政府借2500万英镑外债的事情成功了。

现在,拜伦可以建立一支2000人的部队,其中包括步兵和炮兵。他又兴高采烈起来。这将是他大展宏图的时机,他终于要为希腊民族解放事业做出点成绩了。这让他兴奋和激动。

于是他不顾泰丽撒的弟弟甘巴的劝阻,在暴风雨将临的时候骑马出去。刚走出村庄三四英里,倾盆的大雨猛降下来。他们全身湿漉漉地坐船回来。一两个小时之后，拜伦被激烈的恶寒所袭，跟着又发起热来。症状一天一天加重，但是当地的乡村医生却说是感冒。

只有弗列查感觉到这回的病势不比寻常，拜伦自己也感觉到了。医生们只会用放血来缓解他的高热惊厥，放血让拜伦痛苦不已。

医生第一次给拜伦放血时说："拜伦先生，你现在发烧了，虽然使用了其他方法，但是效果不明显。只有放血才能让你的温度降下来，要不然高热会烧坏你的脑子的。那样，你就不能再完成你伟大的事业了。"

拜伦有气无力地说："你……你们，看着办吧。我现在太难受了，能不能不放血啊？我，说实话，我害怕。"

医生说："你是伟大的英雄，应该不会害怕这个吧。我们只是给你放一点血，不会很疼的。"

拜伦说："你们就那样办吧。我只希望我能好受点。"

于是医生就第一次给拜伦放了血，他似乎觉得好受多了。

4月15日那一天，他稍觉安适一点，便叫炮兵士官帕里斯来谈话。他说："到现在我才真正懂得家庭的幸福。没有人像我这样尊敬贞淑的女性。想到将来能够回到英国，同妻子、女儿三人过安逸的隐居生活，我便十分快慰了。我想隐退。我多年来的生活，一直是像暴风雨的海面一样。太累了，我经历的事情太多了，我觉得人生太激烈了，几乎让我承受不住了。如果我可以重新选择，我希望过太平的日子，好好地爱我的妻子，好好地爱我的孩子。但是我不知道我是否还有机会回到英国。我对不起我的姐姐、我的家人、我的孩子，还有我的母亲。"

18日，他的病情恶化了。4个医生聚在一块商议着。医生们还想继续给拜伦采用放血的治疗方法。这次他们说："拜伦先生，我们没有什么其他的更好的方法,除了放血之外,我们无能为力。您觉得我们给您进行放血治疗怎么样啊?"

拜伦把他们中间的密利根叫到枕边,对他说:"辛苦你们了!但是一切都没有用了。我不要再放血了,那是没有意义的。我自己知道,我一定会死的。死,我并不悲伤。我正是为了结束这无聊的生命才到希腊来的。我的财产、我的精力都献给了希腊的独立事业;现在,连生命也一并送上吧!我感谢你们。我知道你们救不了我了,我记得小时候一个巫师说过,我只有36岁的命……"

那天下午,他又有了精神,读完两三封信。晚上,他的情况更加恶化,而且时时发出呓语。稍稍缓过气来的时候,他看着弗列查的脸,叫道:"喂!已经没有多少剩余时间了。来,听着!我马上就说。"

"老爷,要拿墨水和纸来吧?"

"傻瓜,已经没有这样的时间了!听着,这也可以使你将来不至于为难。"

"老爷,还有比这更要紧的事啊!"

"唉,可爱的女儿,可爱的艾达,多想再见你一次呀!上帝呵,请你降福给她!还有亲爱的姐姐,奥古丝塔!还有她的孩子们!我希望你们能永远快乐,永远幸福!我生前不能见你们最后一面,是我这辈子的最大的遗憾。

"你到安娜贝拉那里去,把一切告诉她。好吧,你和夫人是很合得来的。希望,希望她能原谅我,的确是我做了太多错事,伤害了她。希望她能不要一直都记恨我。如果她真的要记恨的话,就告诉她,我这个恶棍终于被魔鬼带走了,终于下地狱了!"

大约是兴奋过度,他的声音忽然中断了。

停一会儿,拜伦又说:"弗列查,你要是不依我的话,我的鬼魂会来找你算账的呀。你记住了，一定要把我刚才的话告诉她们。"到这时候，他还和迷信鬼神的弗列查开这样的玩笑。

弗列查大吃一惊，说："老爷，你说什么？我一点也听不懂呀。"

拜伦也吃惊地说："不懂？哦，已经迟了！"

他努力想重复一遍刚才的话，但是，这时候他已经没有气力再重复一遍了，只是说："我的妻子！我的女儿！我的姐姐！懂了吧？一切都照我说的去说！你知道我的希望……"

稍微停了一会，他又说："不幸的希腊……不幸的城市……不幸的人们！

"哦，接我的人来了。我死没有关系，可是，到这里来之前怎么不回家一次呢？"

他又用意大利语说："我抛下可爱的人们而死去！"

到晚上18时左右，他说："现在要睡一会儿了。"

他倒头睡下去，就这样，昏昏迷迷地，不再醒来了。

1824年4月19日黄昏的时候，他断了气。那时，满天忽然黑暗下来，惊雷震响着，大雨倾盆而下。屋子前面的湖上，昏暗中闪着可怕的电光。为躲避大雨而跑到屋檐下面来的兵士和牧人，当时并没有听到拜伦的死讯。但是，他们根据古老的传说，知道当英雄归天的时候必定有大雷雨暴发，所以，那时他们嘴里都在默念着："我们的总司令死了！"

希腊的独立政府宣布为拜伦举行国葬，全国哀悼3天。举行葬礼时，希腊士兵列队肃立两旁，一队牧师跟着灵柩高唱赞歌。灵柩上置宝剑一柄、盔甲一套、桂冠一顶。诗人生前的坐骑也跟在其后。

6月29日，灵柩运抵伦敦。英国政府和教会拒绝把拜伦的遗骨安葬于威斯敏斯特教堂。7月12日，举行葬礼。7月16日，安葬于纽斯台德附近的赫克诺尔。

墓碑上的铭文是按照拜伦异母姐姐奥古丝塔的意见起草的，铭文为："他在1824年4月19日死于希腊西部的麦索隆基，当时他正在英勇奋斗，企图为希腊夺回她往日的自由和光荣。"

在拜伦绝命之前几小时，从英国寄来几封信，其中一封是霍布豪斯写来的。他从有关希腊的报道中，才知道好友所作的种种认真的努力。

"你的名声和人格，将超过现在活着的任何人而流传于后世。这不是我个人的意见，而是全世界的声音。今天你的努力，是自古以来人们所做的事业中间最高贵的事业。诗人坎贝尔对我说：'拜伦勋爵的诗是伟大的，但是他这次的壮举比他的诗更伟大！'"

然而，已经迟了。这封信送到的时候，拜伦已经昏迷不醒。他没有来得及知道全英国都在称许他、赞赏他，以能做他的同胞为荣，便溘然长逝了。讣告一传到英国，全国都在痛悼拜伦。

除了怀念拜伦以外，他们什么也不放在心上了。从珍妮·维尔西写给卡莱尔的信上，便可以知道拜伦的死讯震动人心到什么程度："即使我听说太阳和月亮跌出了它们的轨道，也不会比'拜伦死了'这句话更使我震惊，更使我六神无主了！"

当时还有个15岁的少年丁尼生悲痛填胸，以致不能安坐在家里。他跑到森林中，走进幽深的溪谷，在那长着青苔的岩石上，充满深情刻下了几个大字："拜伦死了！"

噩耗传到法国的时候，许多青年在帽子上挂着志哀的标志。菲度街上挂着的拜伦大幅画像前面，数千民众川流不息地参与悼念。巴黎的报纸上说："本世纪两个最伟大的人物——拿破仑和拜伦，差不多同时离开人世了。"

在遗嘱里，拜伦把他所有的财产都赠给奥古丝塔和她的孩子们。总数超过 10 万英镑。还有，价值 60 万英镑的不动产归回拜伦夫人。

新勋爵乔治·安逊·拜伦上尉正陷入财经困难之中，安娜贝拉素来慷慨，表示愿意把她的寡妇遗产割让给他。她考虑到她和女儿还要继承拜伦的财产。

两年内，奥古丝塔就把这笔财产耗得一干二净，她不得不付钱打发难以尽数的债主，而且还被人大大地勒索了一番。她在困难中得到了拜伦夫人的帮助。

拜伦夫人几乎是令人难以置信地宽容。但在 1829 年，拜伦夫人也对奥古丝塔失去了耐心，她们断绝了往来。

拜伦夫人的余生献给了慈善事业。她在自己家里建起了一座学校，从事"合作教育计划"——所有班级儿童都在一起接受教育。她说："种姓制度不仅是印度斯坦的耻辱，也是英国的耻辱。"

后来，她又忙于办农业和工业学校。她始终慷慨大方，她有条有理地使自己的精神升华，这点很为人称道。临近晚年，她和布赖顿的弗·沃·罗伯逊牧师结成了一种亲切的友谊，他成了她信任的挚友。

她向他透露了她一直只是在日记中记下的东西：

拜伦不是怀疑论者……上帝是复仇的上帝……

我和他之间想象中的差别使我习惯性地成为他恼怒的目标。

接近他生活的最后的岁月，他对我的感情渐渐柔和了……

至于奥古丝塔,拜伦夫人写信给罗伯逊说:

> 我以为利夫人是我的朋友,我过去爱她——我现在仍爱她——无可奈何。在我们两人死之前,我还想在这个世界上见她一次。
>
> 人们因此说我缺少力量和道德原则,说我发觉一个人毫无价值,但还对她充满感情,也许如此。但我的天性如此。难道错了吗?

拜伦所掀起的全英国人民对希腊革命的同情,像怒吼的潮水一样高涨起来。拜伦所憎恶的反动的卡斯尔雷已经自杀,而自由主义战士坎宁已经担任英国外交部长。

他乘着这次拜伦之死的舆论潮流,发表了援助希腊独立的声明。1829年,希腊终于摆脱了土耳其的奴役,获得了独立。这是死的拜伦打败了活的土耳其的惊人结果。

在生命的最后几个星期里,拜伦也许想到过,他的死到头来只是一场空,希腊人不会获得自由。

1826年米索朗基受到第二次围攻,城中几乎所有的房屋都为炮火摧毁。最后,希腊人饿得受不住了,只得放弃城市。男人、女人、儿童,试图突围通过敌人的防线。突围中许多人丧命,城市被洗劫一空。

如果欧洲在那一刻抛弃希腊人的事业,希腊就完了。奥地利听任事态发展。因为惧怕俄国人,法国不敢采取行动,一切都依靠英国了。由于外交部和威灵顿公爵的神圣的格言,希腊受到指责。

"但是英国公众为拜伦自我牺牲的死亡深深感动,而且英国当时又在它文化的古典主义时期，理想化地把希腊游击队员当作德摩比利隘口的英雄。"

在1827年击退土、埃舰队的纳互里诺战役中，英国、法国和俄国的舰队确立了希腊的独立。

直至今天，如果有人探访麦索隆基萧条寒村，住在茅屋里的村民还会指着当地"英雄园"里的拜伦纪念碑，告诉他们："这儿有勇士的碑。他爱自由，所以来为希腊而死！"

附：年　谱

1788年1月22日，拜伦出生于伦敦霍尔斯街。

1792年11月，4岁的拜伦在阿伯丁入小学。

1798年5月，10岁的拜伦，由于第五代拜伦男爵伯祖父威廉·拜伦去世，承袭爵位，成为第六代拜伦男爵，并得到两处产业。

1799年，拜伦进入格伦尼博士的学校读书，爱读历史和诗歌。

1800年，拜伦开始作诗，是献给表姐玛格丽特·帕克的。

1801年，拜伦到伦敦郊外的贵族子弟学校哈伦公学读书。

1802年，现存拜伦诗歌中最早的一首是《悼玛格丽特表姐》

1803年，回纽斯台德。第一次会见异母姐姐奥古丝塔。

1804年，和母亲同住在索思维尔。

1805年夏天，毕业于哈伦公学。10月，入剑桥大学读书。

1806年夏天，到索思维尔，在女友伊丽莎白鼓励下作诗。

1807年6月，第一本诗集《闲散时光》出版。

1808年7月，得到文学士学位，毕业于剑桥大学。

1809年初，移居伦敦。

1809 年 3 月 13 日，在上议院获得世袭议员席位，出席议院会议。

1809 年 3 月 16 日，出版讽刺诗《英格兰诗人和苏格兰评论家》。

1809 年 6 月 26 日，离开英国，去东方（南欧和西亚）游历。在阿尔巴尼亚开始写《恰尔德·哈罗德游记》第一章。

1810 年，写《恰尔德·哈罗德游记》第二章。

1818 年从 10 月起，陆续作《赛沙组诗》。

1812 年 2 月 29 日，《恰尔德·哈罗德游记》第一至二章出版。

1813 年 4 月，《华尔兹》出版。

1813 年 5 月，《异教徒》出版，两年内重版 14 次。

1813 年 12 月，《阿比多斯的新娘》出版。作《海盗》。

1814 年 1 月 2 日，《海盗》出版，一年之内重版 7 次。

1815 年 1 月 2 日，与安娜贝拉结婚。

1815 年 3 月，在伦敦居住。4 月，与司各特结交，甚为相得。

1815 年 7 月，创作《围攻科林斯》。

1815 年 9 月，创作《巴里西娜》。

1815 年 12 月 10 日，女儿奥古丝塔·艾达出世。

1816 年 3 月 11 日，拜伦同安娜贝拉分居。《家室篇》出版。

1817 年 2 月，《曼弗瑞德》脱稿。

1817 年 5 月，作《塔克的哀歌》。重写《曼弗瑞德》第 3 幕。

1818 年 7 月，创作《威尼斯颂》

1819 年 1 月，完成《唐璜》第二章。

1820 年 10 月至 11 月，完成《唐璜》第五章。

1821 年春天，拜伦同甘巴和其他领导一起准备起义。

1822 年 1 月，创作悲剧《沃纳》。

1822 年 2 月，创作《唐璜》第六至八章。

1822年7月,与雪莱一起,邀请在英国受到迫害的李·亨特前来意大利,共同筹办文学期刊《自由人》。

1823年2月,作长诗《岛》。作《唐璜》最后几章。

1823年7月中旬,从意大利海岸出发,前往希腊。为军队的整顿、训练和作战,进行各项准备工作。

1823年12月28日,离开凯法利尼亚岛,前往麦索隆基。《唐璜》第九至十一章、第十二至十四章先后于是年出版。

1824年1月22日,创作《这天我满三十六岁》。

1824年4月19日,拜伦因病去世。